W0400389

Liebe Leserin, lieber Leser,

Südafrika ist eines der schönsten und zugleich spannendsten Länder der Welt. Gelegentlich auch gefährlich. Aber selten werden Sie gastfreundlichere Menschen treffen, selten engagiertere Gespräche führen können. Mit weißen und schwarzen Afrikanern, die mit viel Kraft und weitem Herzen wahr zu machen suchen, was seit dem Ende der Apartheid die große Hoffnung ist: ein Land, in dem alle miteinander menschenwürdig leben.

Südafrika ist verwirrend, vieldeutig, atemberaubend. Beginnen Sie am Kap, im „Europa des schwarzen Erdteils“: Fahren Sie die Gardenroute entlang, die Côte d'Azur des Kontinents. Oder in die Weinregion um Stellenbosch: Alles ist hier prächtig, perfekt kultiviert und voller Opulenz: Weinkeller, Gutshäuser, Gourmet-Tempel, Parks und Täler. Wenn Sie die Sehnsucht nach Natur überkommt, reisen Sie weiter in die Halbwüste Karoo, durch wilde Schluchten ins weite Herzland der Buren – eine Insel der Stille im gewaltigen Mahlstrom der Umwälzungen. Oder noch weiter, in den Nationalpark Kalahari, den sich Löwen, Antilopen, Leoparden mit den San teilen, den letzten der ersten Menschen Südafrikas. Am Kap gibt es viele Nationalparks, und alle sind sie von ungezähmter Natur: Wenn Gott zur Erschaffung des Paradieses ein Vorbild gebraucht hätte, wäre es dieses Land gewesen.

Kapstadts City-Chic: historisches Viertel „De Waterkant“ mit elegant restaurierten Stadtresidenzen

Zugleich ist Südafrika ist ein Land der Widersprüche: arm aber hoch entwickelt. Es gibt den Kraal und hypermoderne Telekommunikation, die Wild Coast und das glitzernde Kapstadt. Diese Stadt wäre die schönste der Welt, wenn nicht die Armut hinter dem Tafelberg wohnte. Immer und überall gibt es ein „Aber“ in diesem Land. Selbst Johannesburg – geliebt und zugleich gehasst – ist zu tough, zu wild für die einen: aber die große Chance für Südafrikas neue schwarze Elite.

Fahren Sie hin. Das neue Südafrika hat Farben, die wir lange Zeit nicht entdecken durften.

Ihr

Schnitgerhans

HOLGER SCHNITGERHANS

EINE GU

IST EINE

EINFACH

IDEE.

TE IDEE

E

Darum macht Planet Internet Ihnen den Weg

ins Internet so einfach wie möglich.

Das gilt auch für unser völlig unkompliziertes

und übersichtliches Preissystem.

Damit Sie sich voll und ganz auf das konzentrieren

können, was in unserer Welt wirklich zählt:

Ideen und Inspiration.

- Keine zusätzlichen Telefon- oder Einwahlgebühren
- Keine versteckten Extrakosten
- Unkomplizierte Kostenkontrolle jederzeit

Sie wollen dabei sein? Dann rufen Sie uns jetzt an:

0800 - 100 90 30 (kostenlos)

Oder besuchen Sie uns:

www.planetinternet.de

PLANET INTERNET

Der Planet der Ideen

INHALT SÜDAFRIKA

MERIAN SERVICE

Text: Thomas Knemeyer, Ralf Willinger, Jasmin Wolf

Die Koordinaten hinter den **MERIAN**-Adressen verweisen auf die Planquadrate der großen **MERIAN**-Karte

68 Langläufer Strauß: Wirtschaftlich hat er Südafrika ganz schön auf Trab gebracht

Titel: Den Golden Gate National Park in Free State fotografierte Obie Oberholzer

Hohe Kunst neben Trash Art, Stammesriten neben Avantgardetheater: Die Palette der Kulturen ist so schillernd wie der Regenbogen

Farbwechsel

Das „National Arts Festival“: Ganz Grahamstown wird Bühne

Kulturschock

Sexszenen gehören zu den beiden wichtigsten Kulturfestivals des Landes, auch wenn viele Südafrikaner über den Verfall der Sitten klagen: Das „Klein Karoo Nasionale Kunstefees“ (Anfang April) in Oudtshoorn ist der Katalysator der neu aufflammenden Kreativität burischer Künstler. In Grahamstown schocken beim „National Arts Festival“ (Mitte Juli) schrille Musiker, schwarze Mimen und schräge Gaukler die braven puritanischen Bürger der alten Universitätsstadt. Beide Feste sind selten langweilig, oft wild, gelegentlich atemberaubend und dauern eine Woche. Oudtshoorn: www.karoofees.com, Grahamstown: www.sbfest.co.za E6 G6

Low Culture

Aus Bierdosen, Marmeladenglasdeckeln und sehr viel Draht basteln Südafrikaner überraschende Objekte – bunte, billige Gebilde wie Tiere, CD-Ständer, Autos. „Township Art“, zugeschnitten auf den weißen Kunst-Konsum und den Tourstikmarkt. Eine Kunst, die ausnahmsweise ihren Mann ernährt

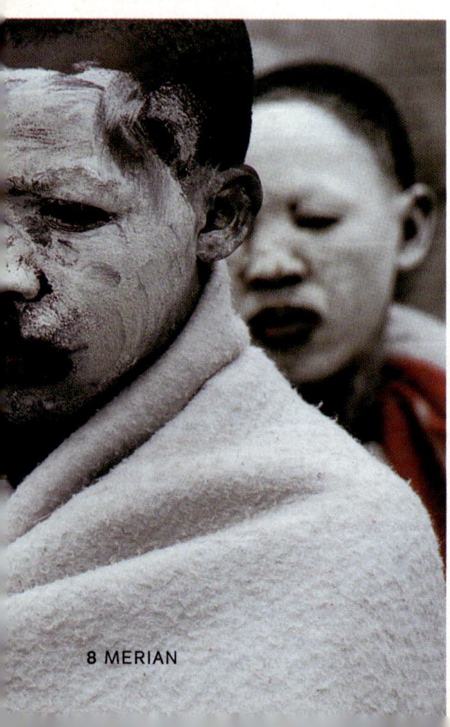

Stammeskultur

Eine der wichtigsten Traditionen der Xhosa-Bevölkerung ist der Prozess der Beschneidung: eine sich über Wochen hinziehende spirituelle Vorbereitung auf das Leben als Mann. Die weiße Farbe, mit der die Jungen ihre Körper bemalen, gibt ihnen symbolischen Schutz in diesem Häutungsprozess. Die langen, oft schmerzhaften Wochen sind für viele eine wichtige Zeit der Selbstanalyse. Heute ist der Initiationsbrauch selbst für die moderne Großstadtjugend wieder wichtig: Die Gemeinsamkeit im Busch hat Gang-Qualitäten

ASATSU
Evolution oder Revolution? Beides! Der neue Mitsubishi Pajero vereint in sich mehr als 20 Jahre überragende Geländekompetenz, die seinesgleichen sucht. Und doch bricht er mit allen bekannten Regeln: Denn er begeistert als Off Roader genauso wie als kultivierter On Roader. Innen luxuriös, außen markant, erreicht er die ultimative Balance von Design, Leistung und Sicherheit. Und: Er ermöglicht Ihnen, neue Regeln aufzustellen. Nicht nur heute, sondern auch in Zukunft.
GDI
PAJERO
Abb.: Pajero 3,5 GDI Elegance
Der neue PAJERO.
Sie können sich an die Spielregeln halten oder sie bestimmen.
MITSUBISHI MOTORS
MMC Auto Deutschland GmbH, 65468 Trebur. www.mitsubishi-motors.de
Innovation in Bewegung

Do's und Dont's

Besser nicht

- Verhalten Sie sich nicht wie eine wandelnde Bank, bescheidenes Auftreten gibt Sicherheit. Tragen Sie also keinen teueren Schmuck, und lassen Sie Ihr Geld im Hotelsafe. Bis auf einige kleine Scheine
- Meiden Sie Downtown Johannesburg, Soweto, die Zentren der großen Städte und auch Strände nach Einbruch der Dunkelheit
- Bankautomaten sind beliebte Jagdgründe: Lassen Sie sich nicht von Fremden helfen und achten Sie auf den Sicherheitsabstand
- Fahren Sie nicht allein in die Townships und nicht abends, vor allem nicht am Freitag: Nach Auszahlung der Wochengehälter fließt heftig Alkohol
- Aber glauben Sie auch nicht alle Horrorgeschichten, die vor allem weiße Südafrikaner erzählen: Es gibt auch die Koketterie mit der Gefahr

Lieber doch

- Kaufen Sie sich zu Hause alle notwendigen Stadtpläne und Landkarten. Damit kommen Sie nicht nur besser, sondern auch gelassener ans Ziel
- Halten Sie Autotüren und -fenster geschlossen. Mieten Sie sich darum einen Wagen mit Aircondition: Bei geschlossenen Fenstern durch die Hitze zu fahren, ist nicht amüsant
- Buchen Sie in großen Städten als Erstes organisierte Touren: Sie sind der beste Crashkurs über Doe's und Dont't's vor Ort
- Wenn Sie abends essen gehen wollen: Bestellen Sie ein Taxi zu Ihrem Hotel, das Sie bequem hin- und wieder zurückbringt
- Fragen Sie Ortskundige, ob der Ausflug, den Sie planen, sicher ist
- Wenn Sie einkaufen wollen: Shopping Malls sind gut überwachte Orte
- Geben Sie Parkwächtern ein Trinkgeld, selbst den unauthorisierten: Sie helfen damit, die große Armut ein winziges Stück zu bekämpfen

Zell-Tour

Als „Universität des Kampfes" galt die Gefängnisinsel Robben Island für viele Insassen: Seit den Sechzigern saßen hier die Gegner der Apartheid und organisierten mit bewundernswerter Disziplin ihre Weiterbildung. Wer die harte Schule abgesessen hatte, kehrte gestärkt in die Freiheit zurück. Heute ist die Insel ein Museum des Widerstandes und Nelson Mandelas winzige Zelle Weltkulturerbe. Robben Island: www.freedom.co.za

Leute machen Kleider

Der Anzug ist ein europäisches Kleidungsstück, ungeeignet für afrikanische Klimaextreme. Präsident Mandela entschied sich für Passenderes und machte sein Outfit zur Amts-Tracht: Er liebt es sehr bunt, seidig teuer und obenrum weit. Seitdem ist die südafrikanische Variante des Hawaii-Hemdes bekannt unter dem Label „Mandela Shirt"

Zeit-Zeichen

Von modischen, symbolischen, politischen und lebenswichtigen Stoffen, die seit dem Ende der Apartheid in Südafrika eine Rolle spielen

Von staatstragender Bedeutung

Ein neuer Staat braucht neue Symbole: die Hymne ein bemühter Mix aus Widerstandslied und alter Nationalhymne, das Wappen ehrenwert, aber unverständlich. Nur die Flagge ist ein Hit: starke Grafik und knackbunt

Diese beiden Männer sind in die gleiche Frau verliebt.
Auf der ganzen Welt gibt es Menschen, die ein Gefühl verbindet. Dank Lladró. Durch die Kreation einer Sprache, die mehr vermag als Worte. Porzellan von Lladró ist einzigartig.
Weitere Informationen und Bezugsquellen Tel: 0800 651 53 83 www.lladro.com
Ref.: 12229 "Jahreszeitliche Geschenke" 43 x 23 cm.
LLADRÓ®

Pavian, Pinguin, Weißer Hai: Das Land der ungezählten Wildreservate verblüfft auch außerhalb der Schutzzonen durch Fauna und Flora

Arten-Schau

Der Haifisch, der hat Zähne

Vor Südafrikas Küste zwischen dem Kap der Guten Hoffnung und Danger Point leben mehr Weiße Haie als an jeder anderen Küste der Welt. Ursache dafür sind die unterschiedlich warmen Strömungen und die Robbenkolonie auf Geyser Island: ein Paradies für Meeresräuber, ideal für die Erforschung des Fisches. Vor Gansbaai werden darum Wissenschaftler und interessierte Laien von Booten aus in stabilen Käfigen heruntergelassen – für ca. 200 Mark Auge in Auge mit dem Meeresräuber. Haifisch-Tauchtouren bieten an: www.sharkdive.co.za, www.divethebig5.co.za **D 7**

Invasion der Pinguine

An Bolders Beach bei Simonstown, einem Villenvorort von Kapstadt, nisten hunderte Afrikanische Pinguine. Warum gerade hier und warum immer mehr? Keiner weiß die Antwort. Also Vorsicht beim Strandgang, die Vögel haben spitze Schnäbel! **C 7**

Existenzkampf

Paviane gab es immer auf der Kaphalbinsel. Seitdem es zunehmend mehr Menschen in ihren Lebensraum zieht, werden die Affen immer menschlicher: Sie lieben Fast Food. Auf der Suche nach Fertignahrung verwüsten sie Gärten und Häuser, leeren Mülltonnen und Restauranttische. Dagegen helfen nur vergitterte Fenster und private Pavian-Wachtrupps. Füttern ist bei Geldstrafe (ca. 150 Mark) strengstens verboten! **C 7**

Im Feuer geboren

In der Kapprovinz wachsen die meisten Proteen-Varianten der Welt: Immergrüne 2 bis 5 Meter hohe Exoten, die Blüten leuchtend rot bis zartgrün. Die Königsprotea ist mit einem Kilogramm Gewicht die schönste und also Nationalblume: Überleben kann sie nur, wenn alljährlich die Buschfeuer ihre Pflanzenkonkurrenten abbrennen

SIE
IHR PORTEMONNAIE
Alle 23 Sekunden wird ein deutscher Urlauber im Ausland Opfer eines Diebstahls. American Express Travelers Cheques werden bei Verlust oder Diebstahl ersetzt. Weltweit. In der Regel binnen 24 Stunden. Bargeld nicht.
US$100
American Express Travelers Cheque
Don't leave home without them.
AMERICAN EXPRESS
Travelers Cheques

Land im Wandel

Ob Schwarz oder Weiß, Savanne oder Subtropen, Kraal oder Kosmopole, Weinberge oder Wüste – Südafrika bietet atemberaubende Gegensätze, die aber kaum vereinbar scheinen. Immer auf der Suche nach seinem Gleichgewicht verzaubert das Land durch extrem schöne Natur und Momente der Harmonie

Fotos: Obie Oberholzer

Dorfprinzessinnen Gail und Bonita Gerste aus Beukeskraal bei Wuppertal, Region Cederberg, Western Cape

Hauptstaße von Elim, einem Dorf landeinwärts von Cape Agulhas in der Region Overberg, Western Cape

HEIMAT und Kultur sind für Südafrikaner schwierige Begriffe. Für viele stehen Orte wie Elim als Symbole für das ganze Land: ein winziges altes Dorf, eine Hauptstraße, eine Missionskirche. Mehr nicht

Xhosa-Frau Sylvia, die nach afrikanischer Sitte schwere Lasten auf dem Kopf heimträgt. Nahe Grahamstown, Eastern Cape

Stacheliges Prachtexemplar:
„Acacia nigrescens“, eine Akazienart
mit bis zu 15 Zentimeter langen
Dornen nahe dem Albasini Dam bei
Louis Trichardt, Northern Province

Pferde und Zebras in begrenzter Freiheit im Dragon Peaks Holiday Resort, Drakensberge, KwaZulu-Natal

Der Wasserlinie folgend:
Der Tsitsikamma-Wald
umgürtet die Nature's Valley
Lagoon, Eastern Cape

SÜDAFRIKAS KUNST ist kühn. Über die Ästhetik der Moderne setzt sie sich hinweg, Schwarz und Weiß kennt sie nicht mehr. Zu Zeiten der Apartheid war die Kreativszene Begegnungsstätte der Kulturen. Heute hat das Spektrum südafrikanischer Kunst den Käfig der Hautfarbigkeit gesprengt

Bildhauer Raffiek Mushumi aus dem Dorf HaMashamba, Northern Province, mit einem seiner Werke

Fischerboote im Hafen von Lambert's Bay an der Westküste, Western Cape

Der pensionierte Eisenbahner Andries Oelofse mit seinen Enkeln Chrissjan und Christoffel. Waterval-Boven, Mpumalanga

ES IST EIN LANGER WEG über die Ebenen Südafrikas. Die Sonne wirft ihre hellen Finger über das leere Land, verdrängt den Frühnebel. Hinter jedem Horizont liegt immer ein neuer Horizont, es gibt nie ein Ende

Berge, die über die Ebene wachen: Farmlandschaft zwischen Tarkastad und Queenstown in der Groot Karoo, Eastern Cape

wer sind wir?

Vier Hautfarben und elf Landessprachen, unzählige Religionen und unendlich große Erwartungen: Wie kann aus dieser Vielfalt eine Nation entstehen? Und wer ist überhaupt ein Südafrikaner? Ein Essay über Identifikation, Heimat und neue Farbenlehren von Bryan Rostron

Der Blick in die Zukunft ist der Blick auf eine neue Gesellschaft

Ich bin weiß. Ich habe eine extrem sonnenempfindliche Haut. Bin ich überhaupt ein Afrikaner? Die Frage, wer Afrikaner ist und wer nicht, beschäftigt uns mehr als alles andere. Erstaunlich an dieser Diskussion ist, dass die Hautfarbe schon wieder zum wichtigsten Argument wird. Ist also im heutigen Südafrika und in der von Präsident Thabo Mbeki beschworenen *African Renaissance* überhaupt noch Platz für uns Weiße? Seitdem Max du Preez, Südafrikas großer Publizist, vor einiger Zeit schrieb, er sei beides, „African and Afrikaan", also Schwarzafrikaner wie Bure, artet der Streit aus.

„Weiße Arroganz" tönen die einen, „schwarze Dickfelligkeit" die anderen. Doch je mehr sich die Diskussion zuspitzt, desto offensichtlicher wird, dass wir Südafrikaner Schattenboxen mit den Gespenstern in unserem eigenen Kopf veranstalten. Dass der hässliche Rassismus kein Ende zu nehmen scheint. Denn in Wahrheit beschreibt dieser öffentliche Disput die zentrale Schwierigkeit, mit der unser Land heute konfrontiert wird: Kann sich aus der ethnischen Mannigfaltigkeit Südafrikas so etwas wie eine nationale Identität entwickeln? Eine, die alle akzeptieren?

Mit dem Ende der Apartheid sind die alten Wahrheiten plötzlich unscharf geworden. Viele Weiße sind heute ratlos. Die Apartheid hatte ihnen die Illusion geschenkt, zu einer geklonten Gesellschaft europäischen Zuschnitts zu gehören. Für sie ist es ein Schock, dass sie jetzt wirklich in Afrika leben. Ich selbst bin weißer Südafrikaner, Englisch ist meine Muttersprache, meine Vorfahren kamen aus England. Also stehe ich mit einem Fuß in England, mit dem anderen in Südafrika. Doch das Südafrika der Apartheid war nicht meines, also wanderte ich mit 22 Jahren aus. Als dann Nelson Mandela 1996 in London eine Rede vor Südafrikanern hielt, die dort im Exil lebten, und uns aufforderte, zurückzukommen, kehrte ich heim. Aber haben wir Weiße überhaupt das Recht, Afrika unsere Heimat zu nennen?

Oder sind nicht doch Schwarzafrikaner wie Thobeka Mda (die Vorsitzende der Kommission für Bildung und Kultur in der „African Renaissance Working Group") im Recht? Sie sagt: „Europäer und ihre Nachfahren haben jahrhundertelang bestimmt, welche Namen die Völker in aller Welt zu tragen haben. Sie haben sie ihrer Nationalitäten und Identitäten beraubt." Wessen Definition gilt nun? Und wer darf die Kategorien und Identitäten bestimmen?

Die fatale Tendenz zur Schwarzweißmalerei werden wir Südafrikaner nur schwer los. Das beste Beispiel dafür sind die San: Die Ureinwohner Südafrikas wurden von den frühen Siedlern als *wild bosjesmans* (wilde Buschmänner) verteufelt, für sie waren sie nicht einmal Menschen. Man machte Jagd auf sie, rottete sie nahezu aus. Heute werden die San als sanfte, harmlose Wesen porträtiert, als edle Wilde aus einem goldenen, vorindustriellen Zeitalter. Das verkauft sich touristisch gut. Sollen die San dies neue Bild akzeptieren, das sie wieder ins Reich der heimischen Fauna verweist?

Foto: Graeme Robinson

Sektkultur ist unsere Domäne

Fürst von Metternich Riesling Sekt gibt es in den Cuvées „Trocken", „Extra trocken" und als „Brut Jahrgang".

www.fuerst-von-metternich.de

Auch der Stamm der Zulu ist unendlich oft neu erfunden worden, von Weißen wie von Schwarzen. Die Kolonialherren dämonisierten sie, so konnten sie ihre Invasion rechtfertigen; später verbrämte unsere Literatur sie zu tapferen, wenn auch blutrünstigen Kriegern. Um die Identität der Zulu wird heute heftig gekämpft; Kämpfe aber haben in Südafrika schon oft tödliche Folgen gehabt.

Noch schwerer haben es die Coloureds. Manche dieser Mischlinge verstehen sich als Schwarze, einige als Europäer, andere als westlich geprägte Schwarze. Sind sie nun Afrikaner? Der einzige Südafrikaner, der mit mir heimfuhr nach der Rede Mandelas, war ein junger Mann indischer Abstammung aus einer ANC-Familie, die ins Londoner Exil gegangen war. Er war dort geboren, hatte sein ganzes Leben für den ANC gearbeitet, aber nie in Südafrika gelebt. „Ich habe mein ganzes Leben in einem Vorort von London verbracht", erzählte er mir. Trotzdem wollte er heim. Heute arbeitet er in Pretoria als Regierungsbeamter. Ist er nun ein Südafrikaner?

Für viele Südafrikaner ist die schwarze Haut die unabdingbare Voraussetzung. Aber was ist mit Walter Sisulu (neben Oliver Tambo und Mandela der dritte der drei frühen ANC-Führer), dessen Vater, wie erst kürzlich herauskam, ein Weißer war? Für Thobeka Mda besteht Identität aus den Wurzeln Geschichte, Nation, Kultur, Traditionen, meinen Bräuchen, meiner Religion."

Das sind äußerst komplizierte Kategorien. Denn Kultur und Brauchtum sind bei den meisten Schwarzen heute eine Melange unterschiedlichster Einflüsse, in der mittlerweile eine riesige Dosis aus dem Fernsehen übernommener westlicher Werte mitschwappt. Viele von ihnen leben in einer Großstadt, ihre Kultur ist eine Multi-Kultur, die von Rap-Musik bis zu Initiationsriten alles umfasst; keiner kann in Wahrheit all diese Einflüsse entwirren. Ich denke dabei an unseren Präsidenten Thabo Mbeki, den Erfinder der *African Renaissance*. Trotzdem trägt er Anzug, raucht Pfeife, trinkt Whisky, zitiert Shakespeare. Andersherum: Das Problem der Definition – ob Afrikaner oder nicht – stellt sich heute den Schwarzen genauso wie den Weißen.

Thobeka Mda glaubt, dass die Weißen hauptsächlich deswegen Afrikaner sein wollen, „weil sie in Südafrika und damit auf dem Kontinent Afrika ein Stück Land und in Wahrheit riesige Ländereien zugesichert haben wollen." Es geht also nicht einfach nur um die extremen Unterschiede zwischen Arm (Schwarz) und Reich (Weiß), es geht auch um die Attitüde vieler Weißer. Sie fühlen sich nach wie vor als Eigentümer mit unanfechtbarem Rechtsanspruch – Weiße haben noch immer das Gefühl, Südafrika gehöre ihnen. Was wiederum nicht heißt, dass sie zu Südafrika gehören. Vieles an ihrem Verhalten hat nichts mit Afrika zu tun – auf der Kaphalbinsel leben heute erstaunlich viele aus dem kolonialen Afrika kommende Europäer. Es sind selbst ernannte Vertriebene. Mit der wachsenden Emanzipation der Schwarzen zogen sie immer weiter gen Süden. Wenn denn auch Südafrika nicht mehr ihr Land sein wird, wohin werden sie dann flüchten? In die Antarktis?

Und es gibt Weiße wie mich, die unter Schmerzen und Mühen nach einer neuen Identifikation suchen. Wir haben das Gefühl, wir müssten uns komplett neu erfinden. Viele von uns würden immer noch die Kultur des Westens nennen, wenn man sie nach ihrer Identität befragte. Der Autor Chinua Achebes schreibt dazu in einem Aufsatz über Joseph Conrads „Herz der Finsternis": „In der Psyche des Westens spürt man den starken Wunsch – man könnte sogar von einem Grundbedürfnis reden –, Afrika zur Folie des Vergleichs mit Europa hochzustilisieren. Es zu einem Ort der Negation vertraut zu machen, zugleich fern wie vage, auf dass sich im Kontrast dazu Europas Zustand der geistigen Gnade desto handgreiflicher erweise."

Von diesem Komplex müssen wir uns befreien. In der Vergangenheit meinte Europa, dass es Afrika viel lehren könne, vom Lernen dagegen war nie die Rede. Bei aller Komplexität unseres Landes sind es heute noch immer die Schwarzen, die gezwungen werden, sich zwischen zwei Welten zu bewegen und diesen Spagat zu lernen. Viele von ihnen sprechen mehrere Sprachen, weiße Südafrikaner dagegen leben meist in einer einsprachigen Welt. Bis jetzt sind es immer die Schwarzen gewesen, von denen wir Kompromisse und eine komplizierte Lebensführung erwarteten. Durch die strikte Ausgrenzung dieser Vielfältigkeit haben viele Weiße ihr eigenes Leben unermesslich ärmer gemacht.

Die entscheidende Frage für unser Land ist: Gibt es genügend Weiße, die ihrer Weißheit entfliehen können? Eine, die Südafrikas Starautor J. M. Coetzee umschreibt als: „Nicht länger Europäer und noch nicht Afrikaner". Der in London lebende südafrikanische Schriftsteller Justin Cartwright schrieb in seinem Roman „Not Yet Home": „Die Weißen aus der Generation meiner Eltern hatten sich eine kleine Welt geschaffen, in die Afrika hineinpassen musste." Daran hat sich nicht viel geändert. Wir Weißen müssen uns anstrengen, andernfalls wird man die Sünden der Väter an uns vergelten.

Ich meine, dass die Diskussion über „Afrikaner, ja oder nein" im Sumpf unserer Geschichte der stereotypen Zuschreibung von Rassenmerkmalen stecken bleiben wird. Denn in der sich rapide wandelnden Gesellschaft Südafrikas geschieht die Identitätsfindung zunehmend individuell und nicht rassenspezifisch – das gilt für Schwarze wie für Weiße. Trotzdem bleibt die Frage: Schaffen wir es, nicht mehr in Rassen zu denken?

Bin ich also trotz meiner bleichen Haut ein Afrikaner?

Irgendwann einmal hatte der alte Staatsapparat der Republik Südafrika entschieden, dass ich keiner sei. Erst um halb acht Uhr früh am Wahltag des Jahres 1994 bekam ich von der Londoner Botschaft meinen Pass zurück, gerade rechtzeitig, um wählen zu können. Ist es der Staat, der über die Identität des Individuums entscheidet, oder ist das unsere Sache?

Ich habe meine Wahl getroffen. Ich bin in meine Heimat zurückgekehrt.

Bryan Rostron *ist Schriftsteller und freier Journalist in Kapstadt. Der Essay erschien in der südafrikanischen Zeitschrift* Leadership. **Obie Oberholzer** *ist Südafrikas bekanntester Fotograf, es gibt etliche Bücher mit seinen Bildern. Er lehrt an der Universität in Grahamstown.*

P02372/1

BEI UNS HOFFEN SIE,
IHR ZIEL NIE ZU ERREICHEN.

OGILVY & MATHER RIGHTFORD SEARLE-TRIPP & MAKIN P02372/2

w w w . s o u t h

Ein Besuch Südafrikas ist wie eine Reise der Sinne. Vom Hochplateau des Tafelberges bis zur endlosen Halbwüste der großen Karoo. Ein ganzes Land freut sich auf Sie.

Ein Land, in dem die majestätische Savanne Heimat von 900 Vogelarten und zahlreicher Tiere wie Löwe, Leopard, Büffel, Nashorn und Elefant ist. In freier Wildbahn und dennoch geschützt. Wo Flüsse durch uralte Wälder rauschen und ein Zehntel aller Pflanzen der Erde zuhause sind.

Ein Land, dessen Küstengewässer voller Wunder sind. In einem 45 Tonnen Spektakel tauchen Wale spielerisch aus der Tiefe auf, um danach wieder mit lauten Getöse im Meer zu verschwinden. Begleitet von Schwärmen tropischer Fische, die in kristallklarem Wasser einem Regenbogen gleichen.

Ein Land, das Sie nicht mehr los lässt. Wo Erlebnisse wie Heissluftballonfahrten, Angeln, Tiefseetauchen und Safaris, Surfen und Weinproben zu unvergesslichen Erinnerungen werden. Doch ganz gleich, wofür Sie sich entscheiden. All dies hat das einzigartige, südafrikanische Flair.

Was kostet dieses Erlebnis? Sie werden überrascht sein zu erfahren, wie preiswert Südafrika ist.

Kommen Sie und erleben Sie dieses Land und seine Menschen.

Weitere Informationen unter 0800-3335444.

SÜDAFRIKA

Das Wunder erwartet Sie

Bei schriftlichen Anfragen senden Sie bitte diesen Coupon an: South African Tourism, Postfach 30 07 27, 53187 Bonn.

Name: __________

Strasse: __________

PLZ, Ort: __________

Anzeige gelesen in Magazin/Zeitung: __________

a f r i c a . n e t

Kapstadt, die Diva

Eines der schönsten Panoramen der Welt: das alabasterweiße Kapstadt. Am Kopf der Millionenstadt thront der Tafelberg, um ihre Füße spülen zwe

Villen, frisch gemähter Rasen, Blumenrabatten, Strand, Kasinos, Wohlstand und über allem der Tafelberg wie ein Tischleindeckdich der Götter – das ist Kapstadt, die bleiche, die reiche Metropole des weißen Südafrika. Zum Glück ist die Stadt nicht mehr ganz in hellhäutiger Hand. Denn die Menschen aus den Townships strömen ins Luxuslegoland und geben ihm eine Farbe, die es faszinierend macht

des Kontinents

Text: Bartholomäus Grill, Fotos: Tina Hager

)zeane. Ein mediterraner Traum – auf den ersten Blick. Auf den zweiten nicht ohne Probleme

Vororte wie kostbare Perlen: Simonstown an der Ostküste der Kaphalbinsel ist eine der ersten weißen Siedlungen in Südafrika. Ihr Hafen dient noch heute als Marinestützpunkt

Pool für Prominenz: Vom Schwimmbad auf dem Dach des Luxushotels „Table Bay“ geht der Blick nur noch gen Himmel

Englisches Erbe: viktorianische Stadthäuser an der „Historical Mile“ von Simonstown

VISIOSAT
CASTLE
P
60 MIN

Parcours der Superlative: Die Long Street ist die älteste, die längste, die schönste Straße im Zentrum von Kapstadt. Drei Kilometer restauriert

Pracht – auf beiden Seiten schmücken die Häuser schmiedeeiserne Säulen und Balkone

Wo die Sonne immer scheint: Zwischen City und Hout Bay reihen sich Villenviertel am Ozean entlang

Islamische Selbstbehauptung: architektonischer Mix aus Moschee und Bürohochhäusern in der „City Bowl“

Art déco in Afrika: das Türkische Bad von 1906 am oberen Ende der Long Street

Coole Kaffeehaus-Welt: In den Bars und Coffeehouses der Long Street treffen sich Künstler, Büroangestellte, Models. Alles, was jung und hip ist

Da steht der Wanderer im warmen Wind, durch den freien Rundblick bewegt, einem Betäubten gleich. Es ergeht ihm wie Petrarca, dem bergsteigenden Philosophen, nur dass der Gipfel nicht Mont Ventoux heißt, sondern Devil's Peak, Teufelsspitze. Zur Linken der Indische Ozean, rechter Hand der Atlantik, dazwischen, unter schroffen Felsabstürzen, eine alabasterweiße Stadt, Hochhäuser, Hafenmolen, eine Bucht, elegant hingeschwungen, schwebend, wie auf einem Aquarell. Ein Panorama so prächtig, als hätten es die Götter entworfen.

Am Fuße des Devil's Peak beginnen die Cape Flats, eine weite Ebene, die von zwei Meeren und dem Küstengebirge umrahmt wird. Irgendwo in ihrer Mitte stehen ein paar *pondoks*, igluartige Behausungen aus Pappe, Blech und Plastikplanen. In den Augen ihrer Bewohner ist die Teufelsspitze nur ein öder, namenloser Felszacken. Neuankömmlinge nehmen den Berg zunächst gar nicht wahr, wenn sie vom Flughafen kommend in die Autobahn N 2 einbiegen. Denn ihr Blick wird mit magnetischer Kraft auf diese Rundhütten gelenkt. Sie steuern geradewegs auf Nyanga zu, auf eines der schier unermesslichen Townships in der Kapebene. Tausende und Abertausende von Elendshütten, staubige, vermüllte Gassen, Kinder mit rotzverklebten Nasen, streunende Hunde. Der flüchtige Eindruck löst Unbehagen aus; aber er bleibt in der Regel die einzige Ansicht der Armut. Wenn die Besucher in das schöne Gesicht Kapstadts blicken, haben sie das hässliche längst vergessen.

Sie befinden sich jenseits von Afrika. In einer hellen, modernen Metropole des Südens. An einem Ort, der Italien und England verschwistert. Das Stadtbild, die Architektur, das Straßenleben, die urbanen Sitten, die globalen Konsum-Ikonen – nichts, was an den Schwarzen Erdteil erinnerte. Nehmen wir die Long Street: Art-déco-Fassaden, Giebel im kapholländischen Barock, viktorianischer Kolonialkitsch, Antiquariate, eine Zigarrenlounge, aus der Chopin schallt, am Südende die neugotische Kirche St. Martini und vis-à-vis das Jugendstil-Bad. Die lange Straße – eine Meile Sehnsucht nach Europa.

Tradition in Bonbonfarben: Im Bo-Kaap-Viertel leben Nachkommen jener Sklaven, die im 17. Jahrhundert aus Asien kamen

Blüten im Häusermeer: Auf dem Markt werden seit 100 Jahren Blumen verkauft

Fun in vielen Farben: Am Strand von Muizenberg stehen knallbunte Holzhäuschen – Umziehkabinen in der Badesaison

Das andere Kapstadt: Langa ist eines der vielen Townships in den dicht besiedelten, sandigen Cape Flats nördlich der City

Es scheint, als wolle sich niemand an Afrika erinnern lassen, auch die Schwarzen nicht und schon gar nicht die Coloureds, die Mischlinge, die die Hautfarbe der Unterdrückten tragen und Afrikaans sprechen, die Sprache ihrer ehemaligen Unterdrücker. Tagsüber arbeiten sie in der City, deren Glücksverheißungen sie längst verinnerlicht haben, in der Dämmerung werden sie dann wieder hinausgekarrt in die Townships. Sie pendeln zwischen den zwei Wirklichkeiten Kapstadts, die gerade einmal eine halbe Autostunde trennt, und die doch so weit voneinander entfernt sind wie die Erste von der Dritten Welt. Oder wie Monte Carlo von Kalkutta.

Den Schönen und Reichen sind die Slums so fremd wie die Abseite des Mondes. Sie hören weg, wenn Präsident Thabo Mbeki im Parlament von den zwei Nationen in einem Land redet. Sie wollen nichts wissen von den obszönen Ungleichheiten in ihrer Stadt. Dass etwa die allabendliche Bestrahlung des Tafelbergs Millionen von Kilowatt frisst, während die Elendsquartiere auf den Cape Flats im mittelalterlichen Dunkel versinken. Dass dieselben Weißen, die liebevoll ölverseuchte Pinguine putzen, das Unglück von Schwarzen, denen schwere Unwetter das Obdach genommen haben, gleichgültig lässt. Oder dass im Groote Schuur Hospital seit Christiaan Barnards Pioniertagen hochkomplizierte Herztransplantationen durchgeführt werden, und ein paar Kilometer weiter, in Langa, Crossroads oder Khayelitsha, Säuglinge an Unterernährung und Schwindsucht sterben.

Manchmal will man es einfach nicht für möglich halten, dass diese Zwitterwelt unter ein und demselben immerblauen Himmel liegt, und man ahnt die Lebenslüge dieser Stadt. Sie gefalle sich als liberales Paradies, aus dem die Schlange der Apartheid vertrieben wurde, befindet die Sozialhistorikerin Vivian Bickford-Smith. Die wohlhabenden Captonians sind Meister des Vergessens und Verdrängens, und Kapstadt hilft ihnen dabei. Die bukolischen Weingärten. Der Pinienhain mit den grasenden Zebras. Delfine, die über Gischtkämme segeln. Die stille Pracht der Bergwelt ringsum. Und diese Ausblicke auf Stadt, Land und Meer, himmlische Augenweiden! Und die Sportwut, der Erlebnishunger – alles surft und golft und segelt und mountainbikt oder verlustiert sich an den lärmenden Uferpromenaden und Stränden.

Clifton zum Beispiel: weißer Sand, weiße Badejugend, dazu die Farbsymphonie des Atlantiks, aquamarinblau, türkis, smaragdgrün. Die Luft prickelnd wie Champagner, alles groß, üppig, hell. Afrika, der Dunkle Kontinent, wo liegt er? Drüben, auf der anderen Seite des Tafelbergs. Und jeder denkt: Möge das Chaos und die Gewalt nicht herüberschwappen …

Jan van Riebeeck, der Stadtgründer, hatte einst eine Bittermandelhecke pflanzen lassen, um sich aufsässige Eingeborene vom Leibe zu halten – ein antiafrikanischer Schutzwall, dessen mutmaßliche Reste im Botanischen Garten zu Kirstenbosch präsentiert werden. Auch das pentagonale Kastell erzählt vom Zitadellen-Bewusstsein der Eroberer. Auf seinen Zinnen weht noch immer die Fahne des alten Südafrika, ausgebleicht und fadenscheinig, ein Fetzen Erinnerung an die niederträchtigste Form der Ausgrenzung, die Europäer in Afrika praktizierten: die Apartheid. Heutzutage wachsen die Hecken und Wälle in den Köpfen, und die politische Ungleichheit ist der ökonomischen gewichen.

„Energie“: ein Reiter, mit imperialem Gestus nach Norden, ins Innere Afrikas spähend. 52 Granitstufen über der Skulptur, in einem dorischen Tempel, der Erzkolonialist Cecil Rhodes in Denkerpose. Geist und Gewalt, die Triebkräfte der Eroberung, verewigt im Rhodes Memorial an der Flanke des Devil's Peak. Im Company's Garden, gleich neben dem Parlament, begegnen wir dem britischen Landräuber wieder, diesmal im Standbild mit Zitat: „Hier ist dein Hinterland.“ Die beiden Denkmäler sind die Selbstbekenntnisse einer Metropole, die sich „Mother City“ nennt, Mutterstadt: An ihrem Busen wurde der Kolonialismus genährt. Es ist kein Zufall, dass die unbeugsamsten Widerstandskämpfer vor der Küste von Kapstadt, auf der Gefängnisinsel Robben Island, eingekerkert

Bücher
CDs
Videos
DVDs
HEUER & SACHSE
„Wenn ich beim nächsten Bücherkauf was erleben will, geh ich zu bol.de!“
Millionen Titel, Leseproben und Rezensionen machen Bücherkaufen bei uns spannender.
My Entertainer
bol.de™

Konsum-Docks: Wo einst Schiffe ankerten, liegt heute Kapstadts Shopping Mall, die Victoria & Alfred Waterfront

wurden: Die Heimat zum Greifen nah, die Freiheit unendlich fern.

Eroberung, Unterdrückung, Befreiung. Keine andere Stadt Südafrikas erzählt die Zeitläufte so anschaulich, so ungeschminkt, und gerade ihre scheinbar makellose Schönheit macht die Narben besonders augenfällig. Eine unbebaute Fläche, reißbrettgenau parzelliert, durchschnitten von Teerbändern, zwei einsame Moscheen – hier war einmal der District Six, ein Viertel der Farbigen. 1966 wurde es zum weißen Gebiet erklärt und dem Erdboden gleichgemacht. Den Bewohnern sind nur die Erinnerungen geblieben, dazu ein paar vergilbte Fotografien, Straßenschilder, Tellerscherben, Pflastersteine, die sie in einem kleinen Museum aufbewahren – einem Lapidarium, das den Rassenwahn dokumentiert.

aber da war immer auch das andere Kapstadt, das rebellische, couragierte. Das Kapstadt der Bürger, die gegen die Apartheid kämpften. Die im *purple rain* standen, im violetten Sprühregen aus den Wasserkanonen der Polizei. Die jubelten, als Erzbischof Desmond Tutu vom Balkon des Rathauses herunter die Regenbogen-Nation ausrief. Kapstadt und das farbenblinde, demokratische Südafrika – wächst aus den Ruinen der alten eine neue „Mother City", ein Modell für die multikulturelle Gesellschaft?

Das persilweiße Cape Town wird jedenfalls farbig, und seine monokulturellen Zonen schrumpfen, obwohl es oft nicht danach aussieht. Die erzbritische Feuerhauptwache, der Ferrari-Salon, das Staatsarchiv, ein Bordell, die katholische Kathedrale – was hätte sich in der Roeland Street schon verändert? Sie endet immer noch direkt vor dem Schlachtross, das den legendären Premier Louis Botha trägt: „Bauer, Krieger, Staatsmann". Er schaut auf die immer gleiche Straße, auf die immer währende Leidensmine des Gekreuzigten an der Kathedrale. Aber die Wand gegenüber ist nicht mehr kahl. Seit dem Untergang der Apartheid muss Botha auf ein haushohes Gemälde zureiten, auf dem eine lange Wählerschlange abgebildet ist: Südafrikas Weg in die Demokratie.

Man geht vorbei am Platz, wo der Sklavenbaum stand. Passiert das versteinerte Amtslächeln von Queen Victoria. Steht wieder auf der Long Street und betrachtet sie mit anderen Augen. Da sind fliegende Händler und Straßenkinder, Autowäscher, Parkplatzwächter und Bettler, viele zerlumpt und hungrig, alle schwarz oder farbig. Es lässt sich nicht mehr übersehen: Afrika, das jahrzehntelang ausgesperrt wurde, kehrt in die Stadt zurück. Und wenn auf halber Höhe der Long Street zufällig auch noch der Muezzin aus der azurblauen Moschee auf den Sexladen gegenüber schaut, ist es wie ein ironischer Kommentar zur Intoleranz und Gleichmacherei.

Kapstadt und seine Widersprüche, klarer, schärfer, als sonstwo auf der Welt: ein Schifffahrtsknoten zwischen Indien und Europa, gleichermaßen provinziell und kosmopolitisch, steinreich und mausarm, traumschön und potthässlich, schläfrig und gewalttätig, liberal und borniert, rassistisch bis auf die Unterhaut, aber ethnisch durchmischt. Coloureds und Schwarze, Buren, Briten, geflohene Hugenotten, aus Fernost deportierte Zwangsarbeiter, die letzten Nachfahren der indigenen Khoisan, eine Völker-Melange aus drei Kontinenten, so bunt wie die Hauswände von Bo-Kaap, dem Viertel der Malaien: muskatbraun, puppenrosa, fliederlila, mintgrün – lebensfrohe Kontraste zur ethnischen Flurbereinigung, die grauhaarige weiße Männer exekutierten.

„Mein Kapstadt ist nicht deines", schreibt der Stadtdichter Stephen Watson, „seiner Wege sind zahllose, seiner Realitäten viele." Man flaniert durch die Gassen, trinkt die Farben, die Seeluft, schaut über die Dächer auf den Atlantik. In solchen Augenblicken entfaltet Kapstadt seinen ganzen Zauber: diese mediterrane Leichtigkeit, die alle Geschichtslast abwirft. Und diese magische Gelassenheit eines zeitlosen sonnigen Nachmittags.

Bartholomäus Grill *ist Afrika-Korrespondent der* Zeit *und lebt in Johannesburg.*
Tina Hager *lebt als freie Fotografin in den USA.*

Es gibt Dinge, die kann man nicht kaufen.
Für alles andere gibt es EUROCARD.

EUROCARD MasterCard

Akzeptiert in über 30.000 Hotels in Deutschland

Von der Leichtigkeit des Weins

Das Winzerland ist die Quintessenz des kultiviert-ländlichen Südafrika: von alten Weingütern und neuen Gaumenfreuden hinterm Tafelberg

TEXT: ULLA ACKERMANN, FOTOS: ARTHUR F. SELBACH

Große Weingeschichte mit schwarzer Hilfe: „Muratie Wine Estate“ bei Stellenbosch ist eines der ältesten privaten Weingüter am Kap

Napoleon hätte hier gern gelebt: zwischen üppig bepflanzten Weinbergen, vor der grandiosen Kulisse der Berge und mit Blick auf's Kap der Guten Hoffnung, umgeben von dichten Laubwäldern, die in schnurgeraden Eichenalleen vor weiß getünchten, stattlichen Herrenhäusern von Buitenverwachting, Klein Constantia und Groot Constantia enden. Doch alle Bitten des in Ungnade gefallenen französischen Ex-Kaisers halfen nicht. Nur ein Trost blieb dem auf St. Helena Verbannten: sein Lieblingswein, ein Muscadet aus Groot Constantia – eine Leidenschaft, die Napoleon mit vielen Prominenten seiner Zeit teilte.

Bereits Anfang des 19. Jahrhunderts hatte der Wein aus Südafrika die Salons Europas erobert. Dabei waren die Anfänge des Anbaus eher desillusionierend gewesen. Denn das, was Gouverneur Jan van Riebeeck 1692 als ersten Wein vom Kap vorstellte, war schlicht ungenießbar; von der Weinproduktion hatte Riebeeck keine Ahnung. Anders sein Nachfolger Simon van der Stel: Er erweiterte seine Residenz Constantia um 60 Morgen Land und ließ Reben anbauen so weit das Auge reichte. Napoleons geliebter Muscadet war van der Stels Kreation, der auch Rieslinge anbaute und schwere Shiraz.

Neu eintreffende Siedler bekamen von ihm fruchtbares Land nur unter der Bedingung, dort Wein anzubauen – eine Auflage, die anfänglich Konfusion schaffte, da diese Art Obstverwertung holländischen Bauern unbekannt war. Erst das Fachwissen eilig angeworbener Winzer aus der deutschen Pfalz brachte den Geist in den Wein.

Die Gründungen der Kellereien waren der Grundstock für eine bis heute prosperierende Weinindustrie; aus Gütern wie Neethlingshof, Simonsig, Rust en Vrede bildete sich die klassische Weinstraße des Landes – neben 14 weiteren Weinregionen, die sich an der Westküste entlang, durch die Klein Karoo und über die Swartberge bis nach Upington an den Rand der Kalahari ausdehnen. 315 Weinkellereien gibt es heute in Südafrika, und insgesamt 4000 Weine werden hier produziert: Tendenz steigend.

Eine Menge, die lange Zeit nur billige Massenware war, denn während der Apartheid verkam der Weinanbau. Erst mit Aufhebung der Handelssanktionen begann das Umdenken – viel europäisches Know-how, mehr Kapital und großes Engagement machen Kapweine jetzt wieder interessant. Heute gleicht die Fahrt durch das Winzerland einer Entdeckungsreise für Weingourmets. Und für Wein-Laien ist die Region die Quintessenz des ländlich kultivierten Südafrika: eine Reise durch Landschaft, Architektur, Küche.

Die „Stellenbosch Wine Route", von Kapstadt nur 20 Autominuten entfernt, liegt inmitten der landschaftlichen Szenerie des Simonsbergs, dessen Täler bis in die Ausläufer hinein mit Reben bepflanzt sind. Im Sommer scheint das hügelige Land am Fuß der Bergkette wie von einer grünen Patchworkdecke bedeckt, im Herbst glühen die Rebenblätter in dunklem Rot und braunerdigem Gelb. Licht flutet durch Haine von Kapzedern, Eichen und Platanen, hebt

Es gärt in Südafrika: Weinkeller der „Chamonix Wine Farm" in Franschhoek

Umtrunk in Stein: „Agusta Estate", Franschhoek

Verkaufsraum mit Biografie: „Muratie Estate" bei Paarl. Besitzer Georg Cranitz war in den *Roaring Twenties* Partylöwe und Avantgardekünstler

RESIDENTS ONLY

Leben wie Gott in Afrika: Auf dem „Lanzerac Wine Estate“ nahe Stellenbosch gibt es zum hauseigenen Wein das passende Restaurant und Hotel

Komposition aus französischer und malaiischer Küchenhistorie: Vorspeisenteller im Restaurant „Bosman's“, Paarl

Kabinettstück kapholländischer Architektur: Hotel „La Grande Roche" mit Restaurant „Bosman's", Paarl

Wein macht Lust auf Essen: Das Restaurant „Le Provençal" in Franschhoek lädt ein zum Lunch

das Weiß einer Mauer hervor, einen großzügig geschwungenen Hausgiebel – architektonische Erinnerungen an die niederländische Heimat der weißen Siedler. Die traditionell U-förmig angelegten Gehöfte sind Beispiele des kapholländischen Baustils. Wie akkurat gefaltete Kissen schmiegen sich die Häuser in die Landschaft, eine gebaute Synthese aus Gediegenheit und Wohlhabenheit.

Das Pendant dazu sind die Stadthäuser der Händler und Beamten: kleiner, und in einer Reihe an der Dorp Straat, vom Haus der Nachbarn nur durch ein Gärtchen getrennt. Alle sind gekrönt mit Dach-Erkern und geschwungenen Giebeln. Perfekt allerdings ist *et Hus* nur mit einer Veranda über die ganze Frontbreite, von eisernen Pfeilern gestützt und verziert mit verschnörkeltem Schmiedeeisen – eine viktorianische Feinheit, die man sich von den Häusern der britischen Siedler abgeguckt hatte. So entstanden vor 300 Jahren architektonische Schmuckstücke wie jene in Stellenbosch, in Paarl und Franschhoek. Knorrige Eichen, Weiden und Platanen säumen die Straßen und Marktplätze, sind mit ihrem Geäst der perfekte Rahmen für ein Bild, das so gar nichts Afrikanisches hat. Out of Africa also.

Ein Bild, das jene Landschaft prägt, die sich in einem Radius von 200 Kilometern um Kapstadt ausdehnt. Weinland, und das Meeresklima schafft die Voraussetzungen: der kühle Atlantische Ozean, der stete Wind und die häufigen Nebel, die auch die höher gelegenen Gebirge erreichen. In eines dieser Bergtäler hatten sich Ende des 17. Jahrhunderts französische Siedler zurückgezogen, Hugenotten, die nach der Aufhebung des Edikts von Nantes in die Niederlande geflohen waren; dort erhielten 171 Familien Freibriefe für neue Ländereien in Südafrika. La Petite Rochelle nannten die Neuankömmlinge ihr Land, als Franschhoek bezeichneten die Nachbarn das Gebiet, als „Ecke der Franzosen".

Mit den *franschs* waren die Weinexperten ans Kap gekommen, die Du Toits, de Villiers, le Roux, Plessis, Marais, Therons – Namen, die über drei Jahrhunderte später noch mit Weingütern wie „Chamonix", „Dieu Donné", „La Bri", „La Provence" oder „L'Ormarins" in Verbindung gebracht werden. Und neben der Beherrschung des Önologie-Handwerks brachten die Hugenotten auch ihre Kochkünste mit. Diese Kombination ist noch heute das Schönste einer Weinland-Fahrt, denn viele Weingüter betreiben kleine Küchen oder Gourmet-Restaurants.

Aus dieser Ecke hat die südafrikanische Küche ihren Hauch Haute Cuisine. Die lehrte damals die Buren die Qualitäten eines Lamms à la provençal, eines marinierten Springbok-Bratens zu schätzen. Sie vererbte ihr Marmeladen, Gelees, Sirups, die leichten Saucen und Beilagen zu Meeresfrüchten – der Verzehr von Fisch, Hummer (Crayfish), Krabben und Austern war bis dahin verpönt.

Denn getreu dem Motto „wat de Bur nich kennt" kochte die kapholländische Hausfrau fettes Schweine- oder Rindfleisch, Kartoffeln und niederländisch-heimisches Gemüse, und das wie gewohnt stundenlang und bis zum mehlig dicken Ende. Dass man das Essen mit Muskatnuss würzte, ist noch immer Bestandteil der südafrikanischen Küche. Und auch das gefüllte Hähnchen, die Frikadellen und der *bredie* (Fleisch-Gemüse-Eintopf) sind holländischen Ursprungs.

Mit der Zuwanderung weiterer Siedler schlichen sich weitere geschmackliche Veränderungen ein: Seit der Kolonisierung Indonesiens waren malaiische Sklaven auch nach

Von erlesener Gediegenheit: Gästehaus des „Palmiet Valley Estate“ am Fuß der Drakensteinberge bei Paarl

Südafrika geschafft worden. Deren Frauen mussten als Köchinnen arbeiten. Sie brachten ihre Gewürze mit: Curry, Pfeffer, Knoblauch, Sambal, Garam. *Bobotie*, eine würzige Rindfleischpastete, ist heute fester Bestandteil der Speisekarten. Springbok und andere Wildarten wurden fortan gespickt, in Wein mariniert. Und mit den nach Spinat schmeckenden Seerosen experimentierten die Köchinnen so lange, bis sie daraus einen *bredie* oder eine *Waterblommetjie*-Cremesuppe zu köcheln verstanden.

Während am Kap eine kleine kulinarische Revolution stattfand, zogen eine Reihe von Treckburen nord- und ostwärts, neue Siedlungsgebiete zu erschließen. Es waren strapaziöse Fahrten, die keine Zeit für Eskapaden zuließen, schon gar nicht in der Küche. Frisches Fleisch kam auf den Grill als Bratfleisch, *braaivleis*. Dass sich aus dem *braai*, dem Grillen, ein südafrikanischer Kult entwickelte, dem man an jedem Wochenende in jedem südafrikanischen Haushalt exzessiv frönt, ist keine Hommage an alte Pionierzeiten, bereitet aber jedem Südafrikaner einen Riesenspaß. Aus dieser Zeit stammt auch das scharf gewürzte Corned Beef, die Salzrippchen und vor allem *biltong*, getrocknetes Fleisch. Aus der Küche der schwarzen Einheimischen dagegen kommt nur der Maisbrei, *mieliepap*, der zum *braai* gereicht wird. Wenn es also die modische Formel der *Fusion*-Küche nicht schon geben würde, dann hätte spätestens Südafrika sie erfunden.

Zwischen Berg und tiefem Tal: „Boschendal Wines" bei Groot Drakenstein liegt inmitten großer Natur

MERIAN TIPP WEINGÜTER UND RESTAU

INFORMATION

WINDOW ON CAPE WINE TOUREN
Tel. u. Fax (021) 889 10 02, E-Mail: mvweaver@iafrica.com, Website: www.users.africa.com/m/mv/m vweaver

WINELANDS OF THE CAPE ON VIDEO
Sovereign Videos, Telefon (021) 423 30 43, Fax 423 30 56

WEINGÜTER UND WINZER-RESTAURANTS

In allen Gütern kann Wein verkostet und gekauft werden. Schön sind Picknickkörbe, die zusammen mit Wein angeboten werden

❶ AGUSTA WINES ESTATE
Main Rd., Franschhoek, Tel. (021) 876 31 95, Besuch: tgl. 9-17 Uhr,
RESTAURANT LE PROVENÇAL
Tel. 876 20 65, Di-So Lunch, Dinner Spezialität: Chardonnay 1999, Sauvignon 1999, Muscadet du Provençal 1999. Restaurant im alten Weinkeller mit eleganter Küche: Probieren Sie das Trio-Carpaccio aus Lamm, Springbok, Rind!

❶ CABRIÈRE ESTATE
Berg St., Franschhoek, Tel. (021) 876 26 30, Besuch: Mo-Fr 9.30 bis 16.30, Sa 10.30-13 Uhr
HAUTE CABRIÈRE CELLAR RESTAURANT
Tel. 876 36 88, tgl. Lunch, Mi-Mo Dinner Spezialität: Pinot Noir 1999 (weiß), Pinot Noir 1998 (rot); Champagner: Belle Rosé 1997, Brut 1997. Zum Weingut gehört ein Spitzenrestaurant: sehr fein, sehr traditionell und in einem Kellergewölbe

❷ BOSCHENDAL WINES
Pniel Rd. (R 310), Groot Drakenstein, Tel. (021) 870 40 00, Besuch: Mo-Fr 8.30-16.30, So 9-12.30 Uhr
RESTAURANT BOSCHENDAL, LE CAFÉ, LE PICQUE NIQUE
Tel. 870 42 47, Mo-Fr 12.15-17, Sa 9-16.30 Uhr Spezialität: Blanc de Blanc 1998, Chardonnay 1999, Lanoy 1997. Dem Gourmet bleibt die Qual der Wahl: vom stilvollen Restaurant, einem Café im Freien bis zum Buffet im Garten

❶ CHAMONIX WINE FARM
Uitkyk Street, Franschhoek, Tel. (021) 876 24 94/8, Besuch: Mo-So 9.30-16 Uhr

RESTAURANT LA MAISON DE CHAMONIX BISTRO
Tel. 876 23 93, So-Do 12-15, Fr-Sa 11-21 Uhr Spezialität: Chardonnay 1997, Gemini 1999, Cabernet Sauvignon 1996. Gute französisch orientierte Küche

❸ DELHEIM WINE ESTATE AND RESTAURANT
Knorhoek Rd., ndl. Stellenbosch, Tel. (021) 882 20 33, Besuch: Mo bis Fr 8.30-17, Sa 9-15 Uhr
VINTNER'S PLATTER GARDEN
Tel. 882 22 97 Spezialität: Chardonnay 1998, Goldspatz Stein 1998, Pinotage Rosé 1999, Cabernet Sauvignon 11998, Edelspatz Noble 1998 (Dessert). Auf der Terrasse werden mittags leichte „Winzerplatten" serviert

❶ DIEU DONNÉ VINEYARDS
Uitkyk St., Franschhoek, Telefon (021) 876 24 93, Besuch: Mo bis Fr 8.30-16.30, Sa 9-12.30 Uhr Spezialität: Chardonnay Unwood 1998, Cabernet Sauvignon, Merlot 1998. Lassen Sie sich einen Picknickkorb packen und legen Sie sich damit in den Park!

❹ GROOT CONSTANTIA
Constantia, Tel. (021) 794 51 28, Besuch: Mo-So 9-17.30 Uhr
BUITENVERWACHTING RESTAURANT
Klein Constantia Road, Telefon 794 51 90/1, Di-Fr Lunch, Di-Sa Dinner Perfekt für Reisende, die keine Zeit für das Wineland haben. Spezialität: Cabernet Sauvignon 1997, Sauvignon Blanc 1999, Chardonnay Reserve 1999. Das Restaurant Buitenverwachting ist eines der besten klassischen Haute-Cuisine-Orte Südafrikas. Außerdem gibt es auf dem Gut zwei weitere Restaurants sowie die Möglichkeit, Picknickkörbe zu kaufen

❺ LA MOTTE ESTATE
Main Rd. (R 45), nahe Franschhoek, Tel. (021) 876 31 19, Besuch: Mo-Fr 8-17, Sa 9-12 Uhr Spezialität: Blanc Fumé 1997, Shiraz 1994, 1996, Cabernet Sauvignon 1994, 1995. Kein Picknick!

❻ LANZERAC WINES ESTATE
Lanzerac St., Stellenbosch, Tel. (021) 886 56 41, Besuch: Mo-Fr 10-16, Sa 10-13.30 Uhr
RESTAURANT THE GOSVENOR, THE LANZERAC TERRACE
Telefon 887 69 98, tgl. Frühstück, Lunchbuffet, Dinner 10-22 Uhr

Foto: Franz Marc Frei

Spezialität: Christina 1998, Clare 1996, Cabernet Sauvignon 1996, Merlot 1997. Hotel- und Terrassenrestaurant: Beide servieren, very English, Afternoon Tea

❸ MURATIE ESTATE
Knoerhoek Road zwischen Stellenbosch und Paarl, Telefon (021) 882 23 30, Besuch: Mo-Do 9-17, Fr 9-16, Sa 9-15 Uhr Spezialität: Isabella Chardonnay 1998, Ansela van de Caab 1997, Pinot Noir 1998. Lunch auf Vorbestellung, Picknick kann mitgebracht werden

❼ NEETHLINGSHOF ESTATE
Polkadraai Rd., Vlottenburg, Stellenbosch, Tel. (021) 883 89 88, Besuch: Mo-Fr 9-17, Sa, So 10-16 Uhr
PALM TERRACE, LORD NEETHLING RESTAURANT
Tel. 883 89 66 Spezialität: Chardonnay 1998, Neethlingshoffer 1999, Cabernet Franc 1993, Shiraz 1996, 1997. Im Restaurant werden neueste kulinarische Trends gesetzt und serviert

❽ PALMIET VALLEY ESTATE
an der R 310 Richtung Du Toitskloof Pass, Klein Drakenstein bei Paarl, Tel. (021) 862 77 41, Besuch: 9-17 Uhr Spezialität: Chardonnay Blanc 1999, Savignon Blanc 1999, Chenin Blanc 1999. Lunch, Dinner nach Verabredung im Hotelrestaurant

❾ STONY BROOK
Green Valley Rd., Franschhoek, Tel. (021) 876 21 82, Besuch: 9-12 Uhr Repräsentant der neuen Generation der Weinmacher. Spezialität: Chardonnay 1998, Pinotage 1998, Shiraz 1997, Sémillon 1998, Annie's Wine 1997

RESTAURANTS

❿ BOSMAN'S
LA GRANDE ROCHE HOTEL
Plantasie Street, Paarl, Tel. (021) 863 27 27, tgl. Frühstück, Lunch, Dinner Das mehrfach prämierte Weltklasse-Restaurant garantiert exquisite Kap-Küche in feinstem Ambiente: Foie gras, Strauß und Springbok, Lachs, Austern, unwiderstehliche Desserts, eine exzellente Käseauswahl. Köstliche Sandwiches!

❹ CONSTANTIA UITSIG
Spannschemat River Rd., Constantia, Tel. (021) 794 44 80, Di-So Lunch, Dinner Chic, neu, mit dem Touch von „Global Food", einer Mischung aus robuster italienischer und orientalisch gewürzter Küche. Gute Weine aus dem Weingut Constantia Uitsig

❶ LA COURONNE
Robertsvlei Road, Franschhoek, Tel. (021) 876 27 70, tgl. Frühstück, Lunch, Dinner Kleines Luxushotel inmitten der Weinberge mit wunderbarer, moderner Restaurantküche: italienisch innovativ, sehr leicht, sehr frisch

❶ LE QUARTIER FRANÇAIS
16-18 Huguenot Road, Franschhoek, Telefon (021) 876 21 51, tgl. Lunch, Dinner Traditionelles Restaurant mit leichter, ländlicher Küche mitten in Franschhoek. Perfekt für den feinen Mittagslunch auf der Weintour!

Der Afrikanische Steppenelefant wird bis zu vier Meter groß und 7,5 Tonnen schwer. Er lebt in Familien von 10 bis 20 Mitgliedern. Die wiederum schließen sich oft zu Herden von mehreren hundert Tieren zusammen – ein unersättlicher Stoßtrupp

Elefanten sind eine trampelnde, fressende Plage. Denn ihr Lebensraum wird immer kleiner, ihre Population aber immer größer. Ein Resümee über Leben und Sterben der Lieblingstiere aller Tierschützer

Wo die grauen

Elefanten sind schöne Tiere, aber schlechte Nachbarn. Sie verschlingen 160 Kilo Pflanzenmasse am Tag und sind Feinschmecker, die am liebsten Zuckerrohr, Bananen, Mais, Reis und Hirse fressen. Also fallen sie über die Äcker und Plantagen afrikanischer Landwirte her, und das gleich in Herden. Nach solchen Fressgelagen sehen die Felder aus, als hätten Bulldozer darin Wettrennen gefahren. „Elefanten sind wie riesige Ungeziefer", klagen Südafrikas Farmer.

Mancher Kleinbauer verliert durch die Dickhäuter seine gesamte Jahresernte. Und damit auch seine Existenz. Denn anders als in Deutschland, wo Landwirte alle Jahre finanziellen Ausgleich für Wildschäden erhalten, zahlt der südafrikanische Staat nichts. Kein Land Afrikas könnte sich so etwas leisten. Dies – und nicht etwa die Wilderei – ist in Südafrika, Botswana, Namibia und Simbabwe derzeit das zentrale Elefanten-Problem. Was also tun mit den gigantischen Schädlingen?

„Abschießen", fordern Südafrikas Wildhüter. In den sechziger Jahren stieg die Elefantenpopulation im Krüger-Nationalpark kontinuierlich an. Doch weil der Park sowohl von Ackerland wie auch der Grenze zu Mosambik eingeschlossen ist, können die Kolosse nicht mehr abwandern. Also drängelten sich immer mehr Rüsseltiere in Südafrikas größtem Reservat: Hier zerstörten sie nicht nur die angrenzenden Felder, sondern auch die Bäume im Park selber. Die Ranger mussten eingreifen; ab Ende der Sechziger bis 1994 erlegten sie im Krüger-Park jährlich rund 400 Dickhäuter vom Hubschrauber aus. Anschließend verarbeitete man die toten Tiere bis zum letzten Knochen; empörte Touristen fanden in Supermärkten und Souvenirshops getrocknetes Elefantenfleisch, Elefantenfilet in Dosen, Taschen aus Elefantenleder, Elfenbeinschnitzereien.

Ein Skandal für alle europäischen und nordamerikanischen Tierfreunde: „Stoppt die Elefantenkiller!" Doch solche Vorwürfe und Belehrungen aus den reichen Industrieländern ärgern die Südafrikaner. Mit Recht, denn unter Naturschutzexperten genießen die Wildlife-Manager vom Kap hohes Ansehen – ebenso wie ihre Kollegen der anderen Länder im Süden Afrikas. Ihnen war es nämlich gelungen, die Bestände etlicher bedrohter Großtiere wieder aufzustocken: Seit Mitte des 20. Jahrhunderts ist die Zahl der Elefanten im südlichen Afrika – im Gegensatz zu West-, Ost- und Zentralafrika – angewachsen. Von den schätzungsweise 600 000 Tieren auf dem gesamten schwarzen Kontinent leben heute 200 000 im südlichen Teil – darunter etwa 10 000 in Südafrika. Auch Tausende von Büffeln, Löwen und Giraffen haben in dem hochtechnisierten Land ihren Platz gefunden. In Westeuropa dagegen protestieren wütende Bauern schon, wenn nur ein paar Dutzend Luchse, Wölfe oder Bären in die heimischen Wälder zurückkehren.

Hegeabschüsse afrikanischer Elefanten, *culling* genannt, wurden in den achtziger Jahren zum Medienspektakel: Weltweit häuften sich die Proteste. Die südafrikanischen Wildhüter reagierten, suchten nach Alternativen: Sie verabreichten Elefantenkühen Antibabypillen und verfrachteten ganze Herden in dünner besiedelte Reservate. Beides aber war teuer und kompliziert. So blieb es bis 1994 bei der alljährlichen Elefantentreibjagd.

Seit dem Beschluss der internationalen Artenschutzkonferenz von 1989 bestand ein weltweites, absolutes Handelsverbot für Elfenbein. Zu der Zeit dringend notwendig, denn Wilderer hatten in den zehn Jahren zuvor mehr als die Hälfte aller afrikanischen Elefanten getötet, der Bestand war von mehr als 1,3 Millionen (1979) auf 600 000 (1989) gesunken, obwohl der Handel mit dem weißen Gold schon seit 1977 nur noch eingeschränkt erlaubt war. Doch erst mit dem absoluten Verbot gelang es, das Abschlachten in West-, Ost- und Zentralafrika zu stoppen.

Die Länder des südlichen Afrika wurden allerdings zu Unrecht gestraft: Hier war die Elefantenpopulation auch schon in den achtziger Jahren leicht angestiegen – dank konsequenter Schutzprogramme. Das Geld dafür kam zum Teil aus dem Verkauf von Elfenbein.

Nach jahrelangen Protesten gelang es 1997 den drei Ländern Botswana, Namibia und Simbabwe, eine kurzzeitige Lockerung des Embargos zu erkämpfen; 1999 durften sie einmalig 50 Tonnen ihrer Stoßzahnvorräte für fünf Millionen US-Dollar an japanische Händler verkaufen. Bei der Artenschutzkonferenz im Jahr 2000 allerdings scheiterten die drei Länder gemeinsam mit Südafrika bei dem Versuch, den Handel mit Elfenbein wieder freizugeben. Nur eine beschränkte wirtschaftliche Nutzung von Fleisch und Haut der grauen Riesen soll in Zukunft erlaubt sein.

Auch im Krüger-Nationalpark wird ein Kompromiss angestrebt: Nach dem neuen Managementplan soll das Reservat in elefantenarme und -reiche Zonen aufgeteilt werden: Der Norden und Süden dagegen sollen (fast) elefantenfrei werden. Dafür müssten die Ranger im Jahr 2001 einmalig rund 1000 Tiere erlegen; im Zentrum des Parks sollen sich die Dickhäuter dann 20 Jahre lang ungehindert vermehren dürfen. Nach 2020 wollen die Wildhüter die Herden in die erholten Gebiete im Norden und Süden treiben, damit sich die Vegetation im Zentrum regenerieren kann. Außerdem soll ein Teil der Elefanten des Krüger-Parks nach Mosambik umgesiedelt werden, um die im Bürgerkrieg leer geschossenen Naturreservate dort wieder zu füllen.

Touristen, die sich für den Erhalt der Kolosse engagieren wollen, sollten die Nationalparks besuchen und dort möglichst viel Geld ausgeben. Denn je mehr Südafrika mit seiner schönen Wildnis verdienen kann, desto besser: So wird weniger Fläche kultiviert werden müssen, also mehr „Afrika pur" erhalten bleiben. Und erst wenn das Geschäft mit der Natur genügend Geld bringt, werden auch Elefanten zu kalkulierbaren Nachbarn. Mit reichlich Sicherheitsabstand, natürlich.

Michael Miersch *ist freier Wissenschafts-Autor und Spezialist für ökologische Probleme.*

Foto: Obie Oberholzer

Kolosse grasen

Autos, Teerstraßen, Neubauten: Orlando, das Viertel der schwarzen Oberschicht. Sonst sieht Soweto anders aus

Hütten so weit das Auge reicht und turmhohe Flutlichter wie in einem Gefangenenlager – auch ein Jahrzehnt nach dem Ende der Rassentrennung ist Südafrikas größtes Schwarzengetto noch immer keine normale Großstadt. Aber seine drei bis vier Millionen Bewohner arbeiten daran. Eröffnen Bars und Restaurants, Schulen und Universitäten. Allen voran die Frauen von Soweto

Text: Andrea Tapper, Fotos: Victor Matom

Matchbox Houses werden die Primitivhütten genannt, die auf 130 Quadratkilometern das Bild von Soweto prägen

Soweto oder das Erbe der Apartheid

Eine namenlose Sackgasse vorm Haus Nummer 226. Kein Baum, kein Straßenbelag, aber voller Hoffnung, weil Kinder hier spielen

Die Waschmaschine steht mitten im Wohnzimmer. Mindestens einen Sesselplatz blockiert sie – originalverpackt im Karton, eingeklemmt zwischen der braunen Schrankwand und der schwarz-braungestreiften Sitzgarnitur. „Wir wissen einfach nicht, wohin mit dem Ding. Außerdem kann sie keiner anschließen", sagt Mable Mamatela. Auf Fortschritt im flotten Schleudergang ist Soweto noch nicht eingerichtet.

Kaum acht Quadratmeter misst die gute Stube der Familie Mamatela, mit Waschmaschine nur noch sieben. Es gab Zeiten, da quetschten sich 20 Kinder und Erwachsene auf die Sofas und in die Betten der zwei Schlafzimmer; zur Zeit nutzen 15 Familienmitglieder das Haus 1338 in Mofolo Central. „Ungefähr 15", korrigiert Mables 16-jährige Tochter Snowie. Denn die weiß morgens oft nicht, mit wem sie abends ihr Bett teilen wird: mal ist es Kusine Kutlwano, mal ihre große Schwester, die eigentlich in den feinen Weißen-Vorort Sandton gezogen ist.

Aber so ist das in Soweto: Wo wenig Platz ist, rücken alle zusammen. Drei bis vier Millionen Menschen drängen sich auf 130 Quadratkilometern in Südafrikas größtem und bekanntestem Township. Die meisten in den *matchbox houses,* der Primitiv-Variante eines Einfamilienhäuschens. Je nach Geldbeutel, verklinkert, verputzt, vergrößert, mit Vorgarten verziert. Nur an Bäumen mangelt es in Soweto: Für kurze Zeit, Anfang der fünfziger Jahre, wurde jedem Haus ein Aprikosen- und ein Pfirsichbaumstämmchen zugeteilt. Das war's auch schon mit der Begrünung.

Frühmorgens, wenn der Smog der Kohleöfen noch über der Vorstadt liegt, verstopfen eine Million Pendler auf dem Weg nach Johannesburg den Sammeltaxi-Bahnhof. Davor steht der graue Klotz des Baragwanath Hospitals, in dem 17 000 Kinder jährlich geboren werden. Es gibt in Soweto 230 Schulen, eine Universität, 300 Kirchen, einen Golfplatz – und seit kurzem auch eine Pizzeria, eine Yoga-Schule, ein Cappuccino-Café; die erste Shopping Mall soll im Jahre 2002 eröffnen. Mit seinen 27 Sub-Townships ist Soweto das Abbild des Vielvölker-Kontinents Afrika. Doch nach dem Ethno-Charme eines traditionell afrikanischen Dorfes sucht man vergeblich: Soweto ist eine Kunststadt, die mit ihren gezirkelten Straßen einem amerikanischen Suburb gleicht. Ärmlich und grau unter einer ewigen Staubwolke.

Aber Soweto hat Zukunft. Denn der Prototyp aller Townships ist für viele geworden, was er nie sein sollte: eine Heimat – auch wenn das „Prinzip Soweto" seit der demokratischen Wende Südafrikas längst überholt ist. 1932 als Zwangsgemeinschaft geplant, wurden hier die ersten schwarzen Arbeiter für Johannesburgs Goldminen untergebracht.

Soweto ist das Synonym für die Trennung der Wohngebiete nach Rassen. Gleichzeitig aber wurde es auch zum wichtigsten Symbol für den Widerstand gegen die Vorherrschaft der Weißen. „Es gibt keinen einzigen Lebenslauf hier, der nicht von Politik betroffen ist", sagt die Aktivistin Dudu Chili, die damals im Untergrund den Mietboykott in Soweto organisierte und heute für die Wahrheitskommission von Bischof Desmond Tutu arbeitet.

Berät im Kampf gegen Aids: Florence Ngobeni (rechts), Krankenschwester im Baragwanath Hospital

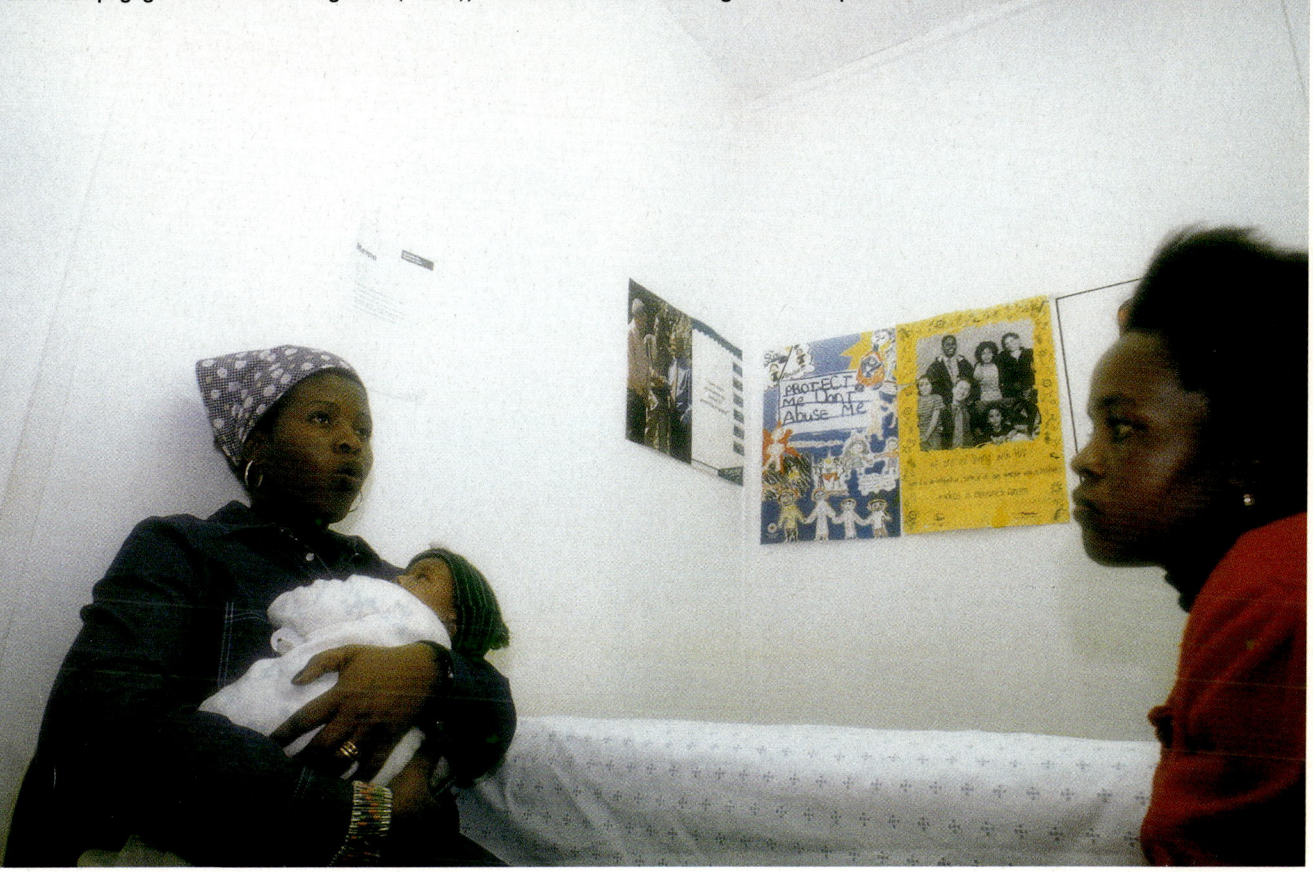

Direkt vor dem Haus der 56-Jährigen eröffneten Polizei und Armee am 16. Juni 1976 das Feuer auf demonstrierende Schüler, das erste Todesopfer war der 14-jährige Hector Petersen. Das Foto, auf dem ein Schulkamerad den angeschossenen Jungen in seinen Armen hält, schockierte damals die Welt und führte zu internationalen Sanktionen. Heute ist die „Hector Petersen-Gedenkstätte" einer von gut einem Dutzend historischer Haltepunkte, an denen Touristenbusse täglich rund 500 Neugierige ausspucken: Sowetos Stätten des Befreiungskampfes sind heute Besucherhits.

Einen langen Weg zurückgelegt hat Soweto, vom blutigen Bürgerkriegsgebiet bis zu einer nahezu normalen Vorstadt. Und auch wenn hier die Arbeitslosenquote mit fast 50 Prozent erschreckend klingt – „die Mutter aller schwarzen Urbanität", so Nelson Mandela, ist im Aufbruch. Sie ist der einzige Ort der Welt, wo gleich zwei Nobelpreisträger Häuser in derselben Straße besitzen (Desmond Tutu und Nelson Mandela). Einen vernünftigen Stadtplan gibt es bis heute nicht, aber rund zwei Dutzend Millionäre leben hier. Und unter den neuen Entrepreneurs, auch unter denen, die versuchen, das flüchtige Sozialgebilde zusammen zu halten, sind auffallend viele Frauen.

Bürgermeisterin Nandi Mayathula-Khoza hat ihren Amtssitz in einem funkelnagelneuen, monströsen Klinkerbau weit draußen auf einer grünen Wiese im Osten Sowetos. Die 38-jährige Mutter von drei Kindern, die während ihrer Amtszeit als Naturwissenschaftlerin promoviert hat, lässt Tee servieren, bittet darum, aus der räumlichen Entfernung keine innere Distanz zu Sowetos Enge und Elend abzulesen. Im Gegenteil, sie versteht sich als „Bürgermeisterin der Basis". Sie nennt sofort das größte Handicap Sowetos: „Wir sind eine riesige Schlafstadt. Ohne nennenswerte Industrie, mit viel zu wenig Arbeitsplätzen, kaum Freizeitangeboten."

Sieben Millionen Mark hat die Bürgermeisterin seit 1995 in Wasseranschlüsse investiert. Fünf Millionen Mark in Strom und Straßenlampen – die sollen endlich jene beklemmenden, von der Apartheid-Regierung installierten, stadionhohen Flutlichter ablösen, unter denen Soweto nachts wie ein Konzentrationslager ausgeleuchtet wird. 700 000 Mark kostete sie ein Sportkomplex, doppelt so viel ein erstes Drogen-Rehabilitationszentrum in Mofolo: Sozialprojekte, die um so wichtiger werden, je mehr arbeitslose Teenager ihre Zeit auf den öden Straßen Sowetos totschlagen. Bürgermeisterin Mayathula engagiert sich für die Ansiedlung eines Textilkonzerns, denn sie hat einen großen Traum: „Ich wünsche mir, dass die Menschen zu Fuß zur Arbeit gehen können". Ein simpler Wunsch. Eine Revolution in Soweto.

Zu Fuß nämlich konnte in der Schwarzen-Enklave nie jemand zum Job gelangen: Johannesburg war früher 30, ist heute noch 15 Kilometer entfernt. Als die weißnationalistische Regierung die ersten Pläne für das Apartheid-Getto auf dem Reißbrett skizzierte, war die Vorgabe eindeutig:

Mit seinen 27 Sub-Townships ist Soweto ein Abbild des Vielvölker-Kontinents Afrika. Doch nach dem Ethno-Charme eines traditionell afrikanischen Dorfes sucht man vergeblich. Soweto ist eine Kunststadt

Sowetos Frauen erobern die Zukunft, egal wie sehr die Männer im Gestern gefangen sind. Im Uhrzeigersinn: Aktivistin Dudu Chili, Snowie mit einer Freundin und ihrer Schwester, die 70-jährige ANC-Veteranin Babsie Tshandu und eine Unbekannte an der Telefonzelle – der großen Neuerung im Township

Gebraucht wurde ein Auffanglager für Arbeitskraft – so provisorisch und weit weg als möglich. Keine Läden, keine Betriebe, keine Infrastruktur, keine Parks, keine Schönheit, keine Gemütlichkeit durften die Townships besitzen. Denn arbeiten und einkaufen sollten die, die dort zusammengepfercht waren, bei den Weißen. Und je müder die Rechtlosen abends in ihren trostlosen Schlafstätten ankommen würden, desto weniger Heimatgefühl oder gar Unruhe könnte entstehen.

Der Schuss ging bekanntlich nach hinten los. Wenn auch erst nach sechs Jahrzehnten des Leids, fünf des Widerstands und nach Tausenden von Toten: Die Ideologen des weißen Südafrika hatten die Zähigkeit des menschlichen Widerstandsgeistes ebenso unterschätzt wie seine Gabe, sich selbst unter widrigsten Umständen ein Zuhause zu schaffen. Kein Alkohol-Verkauf an Schwarze, wie es 1930 bis 1960 das Gesetz vorsah? Die 70-jährige Babsie Tshandu muss noch heute darüber lachen: Als die ersten Tweedkostüme aufkamen, schenkte ihre Mutter bereits selbst gebrautes Bier im Wohnzimmer aus. Als der Rock' n' Roll erfunden wurde, eröffnete ihre Tante ein *shebeen*, sogar eins mit Plattenspieler.

14 000 dieser illegalen Sprit- und Bier-Etablissements, die meist von Witwen geführt wurden, soll es in Soweto gegeben haben: in jeder Straße mindestens zwei, hat die Soweto-Kennerin und Schriftstellerin Heidi Holland dokumentiert. Sowetos neue Geschäftsfrauen der Post-Mandela-Ära fühlen sich als legale Nachfolgerinnen der *Shebeen Queens*.

Stella Dubuzana gehört dazu mit der ersten und einzigen Pizzeria des Townships – in einer ehemaligen Polizeistation im Stadtteil Dube. „Manche Gäste kennen den Raum", erzählt die 50-jährige frühere Krankenschwester über den orange gestrichenen Mittelsaal ihres „Palazzo di Stella", wo einst die Polizeizellen waren und heute auf einer kleinen Bühne Südafrikas Jazz-Elite aufspielt.

Frauen stellen 52 Prozent der Bevölkerung in Soweto; jede zweite Mutter ist allein erziehend. Die fehlenden Männer – ob im Widerstand, Exil, auf Arbeitssuche oder Abwegen verschollen – hatten Frauen schon immer erfindungsreich gemacht, meint die Aktivistin Dudu: Sie überlegt zurzeit, ob sie ihr Haus zu einem Bed & Breakfast für den Polit-Tourismus ausbauen soll. Die dunkle Seite der allein gelassenen Frauen hingegen beschäftigt Florence Ngobeni im Baragwanath Hospital, wo die 27-jährige Beraterin sich einem Problem widmet, das schon heute mehr Menschen in Soweto umgebracht hat als 50 Jahre Unterdrückung: Jede vierte Schwangere, so Ngobeni, trägt HIV in sich. Das Virus, das AIDS auslöst.

In der Prioritätenliste der Bürgermeisterin aber steht unter „A" nicht AIDS, sondern Arbeitsbeschaffung. Denn Investoren scheuen die Townships: „Die Kriminalität hält Gewerbetreibende aus Soweto fern", sagt Mayathula-Khoza, die mit ihrem weißen Golf in Soweto selbst Opfer des populärsten Verbrechens Südafrikas, dem *car-hijacking*, wurde. Doch im „Palazzo di Stella" ist noch nie was passiert: „Wir beziehen die Nachbarschaft ein", verrät die Wirtin und bindet sich eine rot-weiß karierte Rüschenschürze um: „Jugendliche aus der Gegend bewachen die Autos der Kunden."

Die Flugrolle ist für die Kids im Viertel Rockville ein Kinderspiel. Aber was leicht aussieht, ist hart antrainiert. Wie so vieles in Soweto

Gewaltverbrechen sind mit Ausnahme von Vergewaltigungen inzwischen rückläufig in Soweto: 1994 war die Quote bewaffneter Überfälle und Morde hier noch doppelt so hoch wie in New York; heute gehen die Klein- und Großkriminellen lieber ins Zentrum von Johannesburg und in die weißen Vorstädte. Die verschanzen sich darum hinter deutlich mehr Stacheldraht und Mauern als die feinen Häuser Sowetos. „Wir sind jetzt eine freie Gesellschaft. Auch Gangster können sich frei bewegen", kommentiert Bürgermeisterin Nandi Mayathula-Khoza die Entwicklung.

Geändert haben sich auch die Eigentumsverhältnisse in Soweto. Bis zum Machtwechsel durften Township-Bewohner ein Haus nur pachten; Witwen mussten es bereits einen Tag nach der Beerdigung ihres Mannes verlassen. *Serviced Sites,* also Flächen, auf denen der Staat Obdach Suchenden ausschließlich Strom und Kanalisation zur Verfügung stellte, waren eine weitere Variante der Wohnungspolitik. Seit 1994 können Township-Häuser endlich gekauft werden; Familien, die dort seit langem wohnen, erhielten die Grundbuchübertragung sogar umsonst. Dennoch ist die Wohnungsnot noch lange nicht gelöst. Allein in Soweto fehlen mindestens 100000 Häuser: Im freien Südafrika ist das Township vor Johannesburg ein gigantischer Magnet.

So wird Soweto zum Ort der Gegensätze: Jazz-Saxophonist Sipho Mabuse beauftragte einen ägyptischen Architekten für seine mediterrane Fantasie-Villa mit Whirlpool und Studio in Pimville. Im Trendviertel Diepkloff Extension wächst gelber Hibiskus auf manikürtem Rasen, schmückt ein modern geschwungenes Doppel-Garagentor den Rundbau eines Rechtsanwalts.

Die besser Verdienenden, die ihr Geld hauptsächlich in Johannesburg machen, sorgen bereits für Wohlstandswinkel im grauen Einerlei. Der bekannteste liegt nahe dem Hector- Petersen-Platz, dem politischen Zentrum Sowetos: In Beverly Hills thront Winnie Mandelas kameraüberwachtes 21-Zimmer-Eigenheim, nur wenig entfernt von Bischof Tutus blauem Bungalow. Gleich um die Ecke steht jenes Mandela-Häuschen, in dem der spätere Präsident von 1945 bis zu seiner Verurteilung wegen Hochverrats 1961 lebte.

Ehrendoktor-Urkunden stehen auf der braunen Küchenanrichte, ein Schakalfell ziert das Doppelbett, Spitzenvorhänge am Fenster schirmen einen winzigen Essbereich ab, den eine Resopalwand von der Küche trennt: Hinter jene Zwischenwand konnte sich die Familie ducken, wenn wieder einmal Steine, Molotowcocktails, Kugeln durch die Fenster flogen.

„Elf Tage und Nächte", erzählt der rastagelockte Ngugi, der Besucher durch das Haus führt, „verbrachte hier Nelson Mandela nach seiner Freilassung." Dann war klar, dass für die vielen staatsmännischen Verpflichtungen des zukünftigen Präsidenten von Südafrika die 60 Quadratmeter an der Vilakazi Street nicht reichen würden.

Viele Bewohner sind mit dem Ende weißer Vorherrschaft weggezogen aus Soweto, dieser Zusammenballung endloser, öder Häuserreihen. Manche sind reumütig zurückgekehrt. Denn in Soweto ist das Gemeinschaftsgefühl stark

Auch im Haus der Aktivistin Dudu Chili gibt es noch Einschusslöcher. Sie stammen jedoch aus schwarzen Waffen, sind ein besonders bitteres Kapitel des Freiheitskampfes in Soweto. Die füllige Dudu spricht nur wenig. Erst als sie auf der Treppe des Hinterausgangs ihres Häuschens sitzt, so wie früher, beginnt sie zu reden: Es war in den späten achtziger Jahren, und ihr Mann lange schon im Exil, die vier Söhne fast erwachsen, jedoch mit rivalisierenden Jugendgruppen im Township zerstritten, da wurde sie zum dritten Mal verhaftet. Als sie zurückkehrte von den nächtelangen Verhören, saßen Nachbarn auf den verkohlten Resten von Dudus Wohnzimmer und berichteten, wie die Kugeln und Brandbomben die Jungen verschont, die Nichte aber getroffen hätten. Thinkie, 13, starb noch in derselben Nacht.

Es hat Schlagzeilen in Südafrika gemacht, als Jahre später die Wahrheitskommission den Fall von Thinkie und ihrer Ermordung durch den umstrittenen Fußball-Club verhandelte. Der unterstand Winnie Mandela. Als eben jene vor die Kommission zitiert wurde und im Flur auf die frühere Mitarbeiterin Dudu zuging, hielten die Umstehenden die Luft an. „In diesem Moment", erzählt Dudu, „hab' ich mir gesagt: lass' los!" Sie erwiderte den Gruß. Doch jeder im Lande verstand, dass dies kein Zeichen von Schwäche, sondern eine Geste der Kraft war. „Mbuso, mach den Fernseher aus", sagt Dudu, als wir uns verabschieden. Es geht ihr auf die Nerven, dass ihr ältester Sohn mit 36 wieder bei ihr in Soweto untergekrochen ist. Er hat seinen Job wegen Auftragsmangel verloren.

Aber so ist das in Soweto. An diesem Knotenpunkt des Befreiungskriegs, dessen Protagonisten miteinander und auch gegeneinander tödliche Konflikte durchstanden, hat das Gemeinschaftsgefühl überlebt. Manche, die wegzogen aus der Zusammenballung schier endloser, öder Hausreihen, sind reumütig zurückgekehrt. Auch Dudu hat schon in einer besseren Gegend gewohnt, in einem ehemals ausschließlich weißen Stadtteil im Norden: „Aber das Leben dort", sagt sie, „ist mir zu isoliert." Jüngste Umfragen der Wits-Universität sagen: Acht von zehn Befragten in allen Einkommensgruppen wollen ihr Township auf keinen Fall verlassen.

Es ist Samstagnachmittag in Soweto: Für 20 Pfennig hüpfen Kinder auf einem Trampolin in Dube. Drei Girlies führen Dauergespräche in einem der neuen, privaten Telefoncontainer. Hinter einem Fliegenschutz surren Föhne in „Nellie's Hair Salon" – an Geschäftsideen für die Schattenindustrie mangelt es nicht. Auf den Felsen von Rockville übt eine Gruppe Zehnjähriger gefährliche Saltos. Ein paar Meter weiter im „Rock Pub" gönnt sich Sowetos verrücktester Maler Gordon „Gorbatschow" Gabashane bereits sein drittes Bier. Toyotas, Daihatsus, auch BWMs röhren um die Ecke und halten vor dem Metzgerladen, wo die Autobesitzer das Grillfleisch für den Sonntags-Braai kaufen.

Die 16-jährige Snowie und ihre 21-jährige Kusine Kutlwano bügeln ihre lilafarbenen Chorroben, die sie morgen beim Gospel-Gottesdienst in der Dube Central Church tragen werden. Für die wichtigeren Momente davor und danach haben sie sich schwarze Strumpfhosen, karierte Minis, rote Jacketts und schwarze Stiefeletten zurechtgelegt. Kutlwano, die Public Relation am Technicon College studiert, und die Gymnasiastin Snowie sind nicht wirklich religiös. Doch der Gottesdienst, der mit Picknick-Lunch und Gesprächsgruppen meist den ganzen Tag dauert, ist das soziale Highlight der Woche. Ganz sicher werden sie die neuesten Kwaito-Kassetten tauschen können, Südafrikas Variante des Hip-Hop. Auch tolle Typen treffen. Und vielleicht wird auch jemand von einem Job erzählen. Die Hoffnung ist groß in Soweto.

Andrea Tapper *arbeitete sieben Jahre lang als Korrespondentin in Afrika. Heute lebt sie als freie Autorin in Hamburg.* **Victor Matom,** *im Township geboren, ist Fotograf in Johannesburg und unterrichtet Fotografie in Soweto.*

MERIAN TIPP SOWETO

Sowetos Name ist die Abkürzung für South West Townships. Es ist also keine Stadt, sondern ein 130 qkm großes Areal mit mindestens 27 Vierteln. Die Einwohnerzahl liegt bei 3 - 4 Millionen – genauer lässt sie sich nicht bestimmen, da die Land-Stadtbewegung anhält.

TOUREN

Soweto besucht man am besten mit einem Tour Operator. Es gibt Halbtags- u. Abendtouren, meist mit Minibussen. Die holen Sie am Hotel ab. So ist es absolut sicher, Soweto zu besuchen

IMBIZO CULTURAL TOURS
Tel. (011) 838 26 67 und (083) 700 90 98, E-Mail: imbizo@iafrica.com, Website: www.imbizo.co.za Die sachkundige Inhaberin Mandy Mankzane stammt aus Soweto und bietet individuelle Rundfahrten mit vielen Insider-Tips. Berühmt sind ihre nächtlichen *shebeen*-Touren

JIMMY'S FACE TO FACE TOURS
Tel. (011) 331 61 09 Jimmy Ntintili, der älteste Anbieter, kennt sich in der Township bestens aus: „See the good, the bad, the ugly" ist das Motto des Schwarzen, der selbst aus Soweto stammt

SEHENSWÜRDIGKEITEN

HECTOR PETERSEN MEMORIAL
Die Gedenkstätte des Schüleraufstands dokumentiert in einer ergreifenden Fotoausstellung den Widerstand im Jahre 1976 gegen die Einführung von Afrikaans als Unterrichtssprache

MANDELA HOUSE
In dem bescheidenen Haus lebte der spätere Präsident und Nobelpreisträger 16 Jahre bis zu seiner Inhaftierung 1961

ORLANDO WEST
Der Stadtteil, weit besser bekannt unter dem Namen Beverly Hills, liegt nur wenige Minuten von Mandelas altem Haus entfernt. Hier residieren heute Winnie Mandela und Bischof Desmond Tutu in feinen Villen

SHEBEEN

Sammelbezeichnung für den einst illegalen Bierausschank, der in Privathäusern stattfand. Heute Oberbegriff für legale Restaurants, Nachtclubs und Jazzkneipen

PALAZZO DI STELLA
Mncube Dr., Dube Stellas Pizza-Auswahl ist riesig, getrunken wird viel und am Sonntagnachmittag Jazz gespielt

PAPPIE'S TAVERN
Dlamini II Gute Stimmung, Soulmusik: Wunderbares Shebeen!

WANDIE'S PLACE
618 Dube St. Eher Restaurant als Bar mit südafrikanischer, sehr opulenter Township-Küche

Stella vor ihrem „Palazzo": Pizzeria, Bar, Veranstaltungsraum

SIEMENS

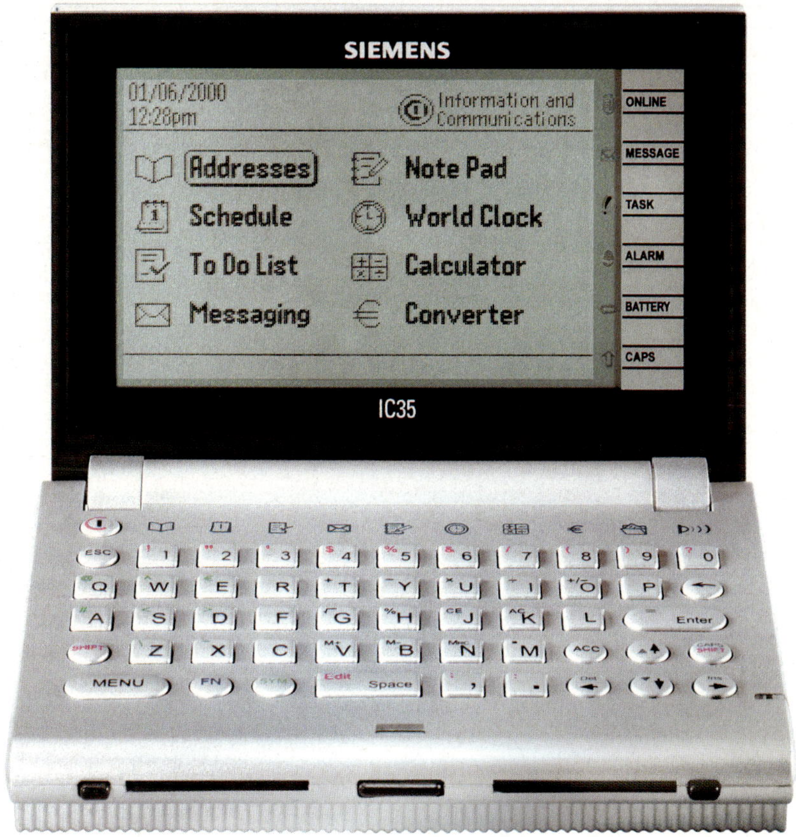

Originalgröße

HOSEN TASCHEN BÜRO

Der IC35,
jetzt mit Hexaglot-Sprachübersetzer.

WAP* | E-Mail | SMS | SmartCard-Reader | IrDA
Organizer für Termine, Adressen, Notizen, Aufgaben.
SyncStation für MS Outlook™ und Lotus Organizer™.
Mit MultiMediaCard-Reader |

IC35

www.siemens.de/ic35

*) in Kombination mit den meisten datenkompatiblen Mobiltelefonen.

be inspired

Information and Communications

Läufer auf dem Boden

Der Vogel Strauß kann nicht singen, nicht schwimmen, nicht fliegen: Ein höchst widersprüchliches Federvieh der Superlative, das Südafrika zu Glanz gebracht und in den Ruin getrieben hat

Text: Charlotte von Saurma

Das Federkleid der Männchen ist schwarz, mit Ausnahme der weißen Schwung- und Schwanzfedern. Die sind am wertvollsten

der Tatsachen

Kaum ein Vogel polarisiert so sehr wie *struthio camelus*; die Welt teilt sich in Menschen, die an ihm keine gute Feder lassen, und Menschen, die ihn lieben. Erstere halten den Flachbrüster für dämlich, letztere für eine rasend komische Witzfigur. Steht doch schon in der Bibel (Hiob, Kap. 39), dass Gott dem Vogel die Weisheit genommen und keinen Verstand zugeteilt habe. Und selbst Deutschlands großer alter Zoologe, Alfred Brehm, nannte ihn schlichtweg geistlos.

Der Strauß, derart verkannt, steht noch wie seit 1,3 Millionen Jahren einem Riesenchampignon gleichend in den Halbwüsten Südafrikas herum, weil er auf Futtersuche seinen langen Hals samt Kopf gen Boden strecken muss und nur noch sein mächtiger Rumpf zu sehen ist. Doch selbst diese banale Tätigkeit beschert ihm das Image eines Dummchens: Er stecke seinen Kopf in den Sand, weil er sich unsichtbar machen wolle, sagen wir, und überhöhen seine körperdefinierte Fresstechnik auch noch zur Vogel-Strauß-Politik. Alles Quatsch. Wahr ist: Der Strauß ist unter den Vögeln bisher ein unbekanntes Wesen. Ein Urtier, das einst auch auf der Arabischen Halbinsel, in Asien und Südeuropa verbreitet war – und bis heute kaum erforscht wurde. Dabei ist er Südafrikas eierlegende Wollmilchsau.

Hier leben 98 Prozent aller Zuchtstrauße der Art South African Black (ca. 250 000). Hier stapeln sich seine ausgeblasenen Eier in den Souvenirshops – *en nature* sowie handbemalt – oder werden von der Interieur-Industrie minimalistisch trendy zu Lampenschirmen verarbeitet, zu *objets d'art.* Straußenfedern werden zu Staubwedeln gebündelt; Straußenhaut wird gegerbt und gelangt als sündhaft teures Handtäschchen in die Boutiquen. Sein dunkelfaseriges, (fast) cholesterinfreies Fleisch bereichert in Form von Carpaccio, Salami, Steak die heimische Speisekarte. Der Strauß ist Südafrikas nachwachsender Rohstoff. Eine multifunktionale Ressource.

Allerdings eine mit hohem Risikofaktor, weil extrem labilen Gewinnmargen. Das Vieh hat Südafrika zu Glanz und in den Ruin getrieben. Ende des 19. Jahrhunderts war Straußenzucht Südafrikas *big industry,* vornehmlich in der Halbwüstenlandschaft um die Stadt Oudtshorn herum. Hier gab es ideale Bedingungen für die Vogelfarmen – man hatte gelernt, Luzerne anzubauen, Flächen einzuzäunen und Wasser zu kanalisieren.

Als auch noch der Inkubator erfunden worden war, jener Schrank, in dem befruchtete Eier unter klimatisch idealen Bedingungen ausgebrütet werden, boomte das Straußengeschäft: Die Federn wurden in Gold aufgewogen, ein Straußenküken kostete damals soviel wie 1000 Liter Brandy. Das Vieh machte die Bauern zu Baronen, ließ sie Farmhäuser errichten, die viktorianischen Palästen glichen. Oudtshorn besaß damals drei Banken, drei Hotels, drei Gymnasien; man beschäftigte gleich neun Architekten, die Kunstszene brillierte, Bauern schickten ihre Kinder auf die besten Schulen des Landes oder gleich nach Übersee. Und alles das nur wegen der weiblichen Dekorierlust mit Straußenfedern.

Nichts ist so gefährlich wie auf Mode basierende Monokultur: 1914 und fast über Nacht kam der Kollaps. Schuld daran war die Überproduktion – damals gab es fast eine Million Strauße –, der Ausbruch des Ersten Weltkriegs, eine ungemein frühe Kampagne gegen die grausame Art, den Vögeln rupfenderweise alle neun Monate ihres besten Federkleides (ergibt zwei Kilogramm Federn) zu berauben, und die Erfindung des Autos. Denn welche Dame quetscht sich mit einem Straußenfeder-Hut in ein Automobil? 80 Prozent aller Farmen gingen bankrott. Was blieb, waren prächtige öffentliche Gebäude, eine perfekte Infrastruktur und jene türmchenbewehrten, bunten Landsitze, die den Charme der Halbwüste um Oudtshorn herum heute ausmachen.

Nach dem Zweiten Weltkrieg stieg die Produktion langsam wieder an, doch erst nach 1974 begann man, Straußenleder und -fleisch zu vermarkten. Das ist noch heute so, in gleicher Reihenfolge. Geld wird inzwischen auch mit Showfarmen gemacht, auf denen dem Besucher wenig Wissen und mehr Gaudi geboten wird: Hier darf sich ein jeder als Straußenjockey amüsieren. Streng anatomisch betrachtet sitzt dabei der Mensch auf des Vogels Knie. So viel Last hat das dünnknöchrige Urtier nicht verdient. Denn der arme Vogel, der nicht fliegen, nicht schwimmen, nicht singen kann, ist ein einziger Superlativ: Er ist der schwerste und größte Vogel der Welt und ein exzellenter Langstreckenläufer mit einer extremen Beschleunigungskapazität. Höchstgeschwindigkeit 85 km/h, die er drei Stunden lang halten kann. Sein Hals funktioniert wie ein Periskop, er kann ihn in alle vier Himmelsrichtungen wenden. Seine Eier haben eine porzellanharte Schale, man kann darauf stehen oder aus nur einem (entspricht 24 Hühnereiern) einen gigantischen Rührkuchen backen. Der Vogel hat keinen Kropf, keine Zähne und schluckt daher jedes feste Ding, mit Hilfe dessen er die Nahrung in seinem Magen zerkleinert: Steine, Sonnenbrillen, Babyschuhe, Ohrringe – alles, was ihm Natur und törichte Touristen lassen.

Und bleibt dabei eine widersprüchliche Kreatur. Seine Eier sind zwar die größten der Welt, aber im Verhältnis zur Größe des Körpers (ca. 3,10 Meter) die kleinsten. Er hört schlecht, sieht aber blendend bis zu 3,5 Kilometer weit. Seine Wimpern sind entzückend lang, doch in Wirklichkeit Federn. Seine Flügel nutzt er nicht zum Fliegen, sondern zum Wärmeaustausch. Seine Füße sind in Wahrheit zwei Zehen, die er als Killerwerkzeuge einsetzen und nach vorne kicken kann (Achtung vor wütenden Tieren). Er ist monogam, lebt aber auch polygam – die Weibchen gehen nachts fremd, während die Männchen brüten. Die wiederum brummen in der Balz wie Löwen und drehen sich so bezaubernd erotisch, dass es den puristischen Buren einst bei Strafe verboten war, sich diesen lasterhaften Tanz anzuschauen. Doch mit moralischen Kategorien wird man dem Tier nicht gerecht. Der Strauß ist nun mal kein domestizierbares Haustier, sondern absolut instinktgesteuert. Also nicht so dämlich, wie Bibel und Brehm glaubten. Denn was können auch 130 Jahre Zucht anrichten in Anbetracht von 1,3 Millionen Jahren Straußenexistenz?

Foto: Gregor Lengler

Einst waren Perlen Zeichen der Macht. Im 19. Jahrhundert, als die Kolonialherren sie als Massenware importierten, wurden sie zu optischen Datenträgern für jeden Schwarzafrikaner: Perlenschmuckstücke erzählten von Tradition und Hierarchie, von Stammeszugehörigkeit und Geschlechterbeziehung. Aus billigen Glasperlenketten wurden kunstvolle Artefakte.

Der Dresscode hat sich geändert. Heute gibt es keine strengen Regeln mehr, wer welche Farben wann und in welchen Mustern zu tragen hat. Aber noch immer weiß jeder von der Bedeutung der Farben, symbolisiert Perlenschmuck das, was er schon zu Zeiten der Anti-Apartheid-Bewegung war: afrikanische Identität als Eye Catcher. Eine auffällige Verbindung der Vergangenheit mit der Gegenwart. Ein farbenfroher Fetisch, der den komplizierten Alltag ein wenig leichter macht: Ich fühle mich stark, wenn ich meine Perlen trage, sagen Südafrikas Frauen

Fotos: Tina Hager

P e r l e n
Z a u b e r

Wichtiger Sticheljob: Perlen haben vielen Frauen Arbeit gegeben, sie unabhängig gemacht. Die meisten Ketten, Ringe und Armbänder werden heute in den Townships gefertigt

Afrikanische Geschmackssachen: Perlen sind billige Deco-Stücke. Doch richtige Farbwahl und kluge Kombination machen sie zu eleganten Accessoires

Traditionelles Handwerk: Die Fädelarbeit ist die gleiche wie immer, die Perlen sind heute oft aus Kunststoff

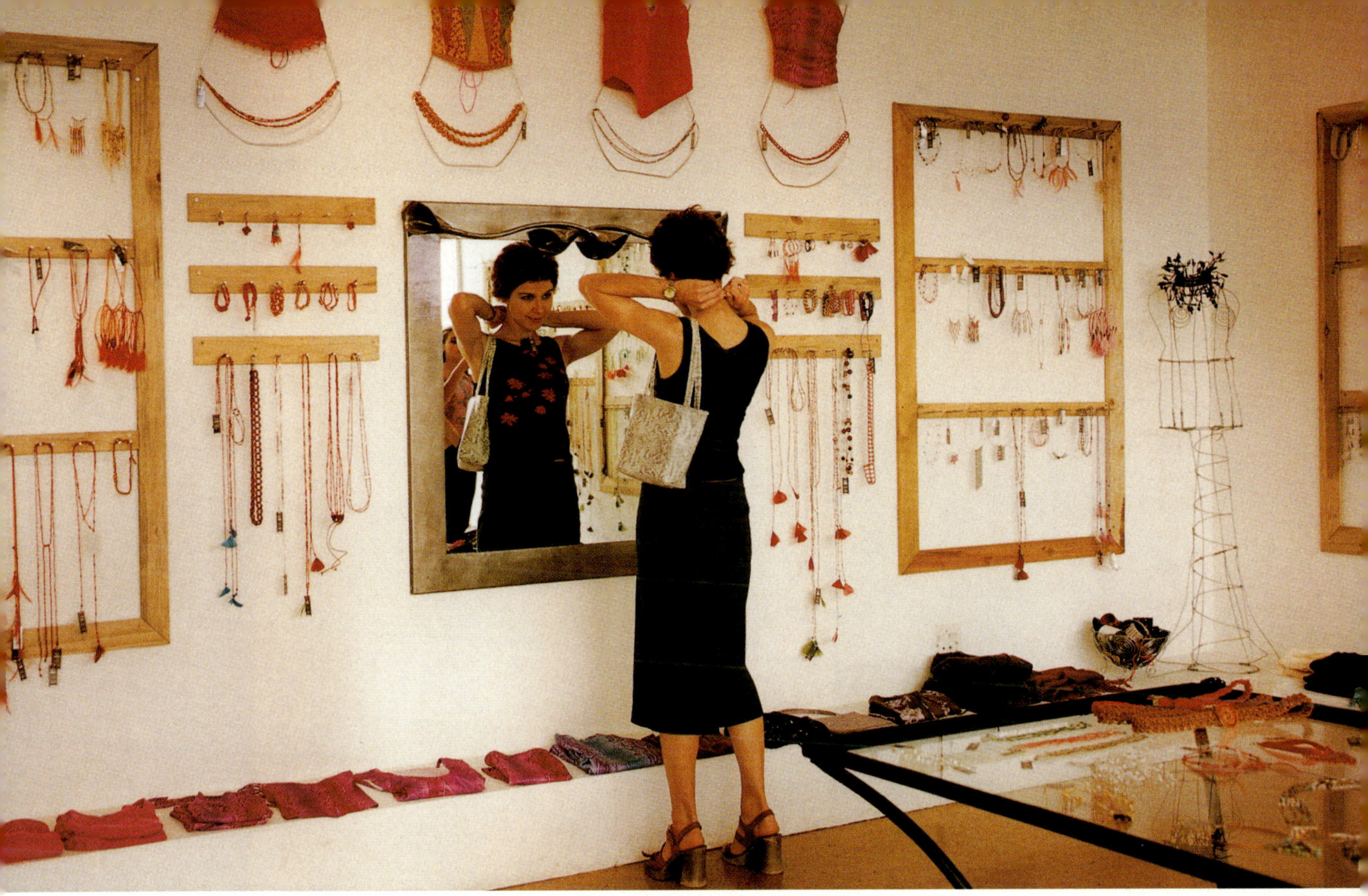

Aktueller Ethno-Chic: Manchmal sind auch Perlen ganz groß in Mode. Dann füllen sich die Boutiquen von Kapstadt und Johannesburg mit delikaten Kreationen

Perlender Protest: Bunte Perlen sind ein ernster Stoff, aus dem auch die Anti-Aids-Sticker gereiht sind

Die Vielzahl der Einzahl: Aus einzelnen Perlen werden Stränge, aus Strängen Ketten – für Brillen, Bilderrahmen und Bäuche, für Schalen, Handgelenke und Hälse. Für alle Dinge des Lebens

Ritualobjekt als Souvenir: Aus den Fruchtbarkeits-Puppen der Xhosa und Zulu, die einst Kindersegen bringen sollten, sind heute Allerwelts-Anhänger geworden

Text: Charlotte von Saurma

Fotos: Gregor Lengler

Der Weg hinab in die Hölle: „Die Hel“ ist eine paradiesisch anmutende Tallandschaft, in der jahrhundertelang Menschen in völliger Isolation lebten

Reise durch das Herzland der Buren

Die Klein Karoo ist das Abbild des neuen Südafrika. Eine bizarr schöne Halbwüste, in der sich alles mit allem mischt – Weiß mit Schwarz, Künstler mit Farmern, Geschichten mit Wahrheit. Eine Landschaft, die von weiten Tälern und steilen Felsen geformt ist, von Fortschritt und Gleichmut

Komm, hatte Jans am Telefon gesagt. Wir kannten uns nicht. Jans, der alte Mann mit dem großen Herzen und langsamen Bewegungen, sein Körper gezeichnet von zu viel Vergangenheit, und ich. Da saß ich nun in Jans' Haus, das *Oulap*, „Alter Lappen", heißt, obwohl es wie eine mittelalterliche Festung auf einem Hügel vor der Bergkette der Groot Swartberge thront. Blickte auf die steinerne Riesenkathedrale zur einen Seite, das sanft hügelige Weideland zur anderen, das sich im Dunst der Sommerhitze in der Ferne verlor. Und fühlte mich angekommen. In der Karoo wird man ruhig.

Amelie, seine Frau, hatte aufgetischt, was sie hier immer kochen: Lammbraten – der nach den wilden Kräutern der Hochebene schmeckt, *bobotie* – gegrilltes Hackfleisch mit Curry, *Waterblommetjiebredie* – Seeroseneintopf und dazu süße Kartoffeln. Willst du noch ein Glas Wein? So wird es von nun an immer sein in der Karoo, bei Charles, bei Ronnie, bei Terri, bei Kobus, bei Gay. Gastfreundschaft wie zu Zeiten der *Voortrekker*, auch zehn Jahre noch nach dem Ende der Apartheid. Die Karoo, das ist das Herzstück der Buren.

Auf dem Weg zu Jans war ich von der endlosen N 1, die von Kapstadt bis Johannesburg führt, bei Laingsburg abgebogen. Eine simple Abkürzung, dachte ich. Aber es war die Abzweigung nach Afrika. Der Asphalt wurde zur abschüssigen Schotterpiste, Staub wirbelte im Rückspiegel hoch und hüllte bisweilen schwarze Gestalten ein, die am Straßenrand kauerten. Landarbeiter, die auf einen Lkw warteten, auf dass er sie mitnehme, heute, morgen, irgendwann. In eine bessere Zukunft, in die trostlosen Townships Kapstadts. Das trockene Land nährt nur wenige.

Irgendwann endete das lange Tal in einer Schlucht, in die sich die Straße hineinwand wie eine Schlange. Vielschichtige Felswände türmten sich zu beiden Seiten in vielfarbigen Schattierungen von Rot, Braun, Ocker, von Beige- und Grautönen. Steinerne Verwerfungen, riesige Bergmassive, dramatisch wie eine Wagner-Ouvertüre, zu steil, als dass die Sonne noch Einblick hätte. Bäche kreuzten die Schotterstraße – halte durch, Auto! Bis sich ganz plötzlich die Wände weiteten, ich hineintauchte in ein lichtes Tal, in der Ferne schon ein Kirchturm, vor mir huschten noch zwei

Paviane seitlich ins Gebüsch. Ich hatte die Seweweekspoort durchfahren, eine der Pforten zwischen Klein Karoo und Groot Karoo und eine der schönsten Strecken Südafrikas.

Die Klein Karoo ist jener 300 Kilometer lange, rechteckige Streifen Land zwischen den Langeberg- und Outeniqua-Gebirgsketten im Süden, der senkrechten Wand der Groot und Klein Swartberge im Norden. Jenseits der Süderhebungen liegt dampfend der Indische Ozean mit der Garden Route, im Norden schließt sich die Groot Karoo an, ein knochentrockenes Tafelland, das fast ein Drittel Südafrikas bedeckt bis zur Grenze nach Namibia. Eine flache Halbwüste, erschreckend und faszinierend. Hier fliegt die Straße unter den Rädern, ohne dass der Horizont sich je zu ändern scheint. Ein Platz aus dahinsausenden Wolken, aus Sternen und Stille, die in den Ohren dröhnt. Auf *Oulap*, bei Jans, hatte ich an dem riesigen tiefdunklen Tisch aus Stinkwood gesessen, an dem sich in diesem stillen Landstrich Welten treffen: Südafrikas Literaturgrößen wie Breyten Breytenbach und André Brink, dazu Minister, deren Namen mir nichts sagten. Freigeister, Feingeister, Feriengäste. Jans Rautenbach, der engagierte ANC-Parteigänger, Sammler moderner Kunst, Chairman des „Klein Karoo Nasionale Kunstefees" und Regisseur wichtiger Anti-Apartheid-Filme, ist der Moderator des neuen Südafrika. Erzähl, Jans, erzähl! Es wurden lange Nächte voll dunkler Geschichten von rotgesichtigen Buren, britischen Prinzen, englischen Straußenbaronen, deutschen Missionaren, gelbäugigen Leoparden und hellhäutigen *Khoisans,* Buschmännern. Was ist Realität, was Imagination? Fahr los, hatte Jans gesagt, du wirst viele Geschichten hören. Die Karoo ist ein zwiespältiges Land, sie ist für uns Wiederentdeckung des alten Südafrika und zugleich Experimentierfeld für alles Neue.

Das Wort „Karoo", sagen sie hier, kommt wahrscheinlich vom *Kanna* – von Kannabusch, dessen Blätter schon die Buschmänner, die ersten Bewohner, als Narkotikum kannten. Oder aber von dem Wort *kamma,* das auf Afrikaans jene Mischung aus Fantasie und Erfindung, Spiel und Dichtung meint. Ich denke dabei an Jans' Geschichten, die von Himmel und Erde und Wind geformt sind, von Men-

Moderator des neuen Südafrika: Jans Rautenbach ist Filmregisseur, Festivalorganisator und beredter Gastgeber. Bei ihm trifft der Reisende auf Künstler, Schriftsteller, die engagierte Elite des Landes

schen, die fortgehen und kommen, und immer ein wenig von Melancholie.

Warum bist du hierher gezogen?, werde ich Tage später Charles fragen. Weil ich hier immer so tiefe Träume habe. Charles, Sportmediziner und Hotelbesitzer aus dem kosmopolitischen Kapstadt, ist einer der vielen Stadtflüchtlinge, die seit wenigen Jahren Prince Albert entdeckt haben. Ein kleiner, altmodischer Ort abseits der N 1, umgeben von Obstplantagen. Nicht für immer, sagt Charles, aber immer mal wieder. Des Nachts platschen reife Aprikosen auf den sattgrünen Rasen hinter seinem behäbig breiten Missionarshaus von 1858.

Prince Albert ist eine grüne Oase, in einem Netzwerk von Kanälen rinnt ein Flüsschen durch die Ortschaft. Ein perfektes *Dorp* – links und rechts der Kerk Straat stehen ausladende, weiß getünchte Häuser im kapholländischen Stil. Daneben viktorianisch zierliche – mit Veranden und filigranen Eisengittern dekoriert und auch schlichte, viereckige mit Flachdach im Karoo-Stil. In den ordentlich geharkten Vorgärten wachsen riesige Weihnachtsstern-Bäume, Hecken aus hellblauem Bleiwurz und anmutig altmodische Geranien. Der silbern glänzende Turm der niederländisch-reformierten Kirche stakst in den stahlblauen Himmel, eine heile Welt von 1762, selbst die Legosteinhäuser des kleinen Township sind hellblau verklärt.

Der Bürgermeister grüßt auf seinem Weg zum Gottesdienst, am Ende der Straße gibt es frische Milch und milden Käse zu kaufen, die Jersey-Kühe grasen gleich hinter der kleinen Molkerei. Hier muss ich meine Tür nicht abschließen, sagt die Farmersfrau Gay, das ist besonders kostbar in unserem Land. Im Heuschober spielt ihr Sohn mit seinem schwarzen Freund – die real gewordene Utopie des neuen Südafrika in dörflicher Selbstverständlichkeit.

Es ist der Charme des langsamen Lebens, der Prince Albert so kostbar gemacht hat für seine neuen Dorfbewohner – Architekten, Schriftsteller, Grafiker, geflohen aus den wüsten Städten mit dem Geld dieser Städte. Das Privileg, hier leben zu können, muss heute teuer bezahlt werden. Wer in den neunziger Jahren kam, als es hier noch keine Elektrizität gab, konnte noch wählen. So wie der Italiener Sigri, Großwildjäger, Mineraliensammler, Ingenieur und vor allem Abenteurer. Sein Haus ist vollgestopft mit den Devotionalien eines langen, wilden Lebens in Afrika. Mit Gewehren, Katzengold und Geschichten von Anna Magnani – ich bin Römer, gurrt der 88-jährige Latin Lover. Weiter unten in der Deurdrift Straat flitzen drei Ex-Stewards der South African Airways gutgelaunt und schwitzend zwischen den Töpfen und Tellern ihres bunt gestrichenen Wohnzimmer-Restaurants hin und her; sie inszenieren ihre deftigen Mahlzeiten wie ein Kabarett. Polyglotter Dorftratsch in der Halbwüste Südafrikas; die Karoo hat ein weites Mischlingsherz.

Weiter gen Norden und dort, wo Prince Albert längst am großen Horizont des Ödlands der Karoo verschwunden ist, hat auch Outer Lappies einen Platz gefunden, für eine Weile. „Alter Vater Lumpen" nennen sie den schwarzen Nomaden. Er redet mit Vögeln und Blumen, geschwätzig, naiv, weise. Auf der Straße steht sein Holzkarren, der üppig dekoriert ist mit Schildern, Scherben und bunten Stoffstreifen. Eine Wagenladung wertlosen Schrotts, alles zusammen ein Gesamtkunstwerk wie seine Wanderschaft. Ein

Blick auf die Groot Swartberge in der Klein Karoo: eine Halbwüsten-Landschaft aus alten Farmweiden, schroffen Felsformationen und unendlicher Weite

Lumpensammler als Narr: Er spannt sich ins schwere Geschirr seines Karrens, ächzt, stöhnt und lacht – das ist das Symbol meines Lebens. Ich bin ein freier Sklave. Nachts steigt er in einen der Bäume und schläft dort oben zwischen den Zweigen. Warum, Outer Lappies, warum nicht auf der sicheren Erde? Bäume verlangen keine Miete und keine Steuern, ruft er von oben runter, und einen Baum finde ich überall. In diesem Teil der Welt haben früher auch die Weißen in Bäumen geschlafen, wird mir Jans später erklären, es ist ein altehrwürdiger Brauch der Buren.

Gen Süden führt eine Schotterpiste von Prince Albert über den Swartbergpass in die Klein Karoo. Die canyonartige, wilde Strecke durch das vielfarbig vielgefaltete Sandsteingebirge ist der zweite landschaftliche Höhepunkt – Mitte des 19. Jahrhunderts von Sträflingen und in bis zu 1585 Meter Höhe gebaut, war für ihre Zeit eine grandiose Ingenieurleistung. Nichts hat sich seitdem geändert: mit herzklopfenden Kurven und Blicken hinab, als schaue man in die Schöpfungsgeschichte. Links und rechts wachsen Proteen und Erika-Arten, eine dichte Vegetation ähnlich der Macchia Südfrankreichs, die aus der Distanz wie eine endlose grüne Matte ausschaut und sich erst beim Anhalten als Ansammlung aberhunderter, unterschiedlichster Pflanzen in allen Grüntönen dieser Welt entpuppt. Der afrikaanse Name dafür ist *Fynbos* („feiner Busch"), die mit Abstand artenreichste, aber auch kleinste Vegetationszone der Welt, die nur hier, im Kapland, existieren kann. Ein Florenreich kleinblättriger, hitzebeständiger, immergrüner Hartlaubgewächse. Wenn es denn irgendwann einmal regnet, blühen sie prächtig und fremdartig.

Die Wiederentdeckung der Geschichte: Ins winzige Amalienstein kommen Weiße nur noch zu Besuch. Hier leben ausschließlich Schwarze. Ihre perfekt restaurierte Kirche ist einer der ersten deutschen Missionarsbauten Südafrikas

Vom Charme unendlicher Ruhe: Prince Alberts Hauptstraße ist ein beschaulicher Dorfweg. Hier kennt jeder jeden – ein kostbares Gut in den Zeiten des Umbruchs

Die Wüste hat für viele Platz: Outer Lappies ist Nomade. Ein als Lumpensammler verkleideter weiser Narr, der mit den Blumen und Vögeln spricht

Überall Farmland: Wo der Boden zu karg und zu trocken für Wein, Obst und Oliven ist, züchten die Bauern Strauße

Ehrenwerte Gesellschaft der Kleinstadt: Bürgermeister Allers mit Frau auf dem Weg zum Gottesdienst in Prince Albert

Südafrikas ewige Lust auf Leben in freier Natur: Camp Mobil-Park für Wochenendausflügler bei Barrydale

Landschaft, die Reisende ruhig macht: Pensions-Frühstück mit viel Zeit. Das nächste Ereignis ist meilenweit entfernt

Gestandene Männergesellschaft: In der Bar von „Ronnie's Sex Shop" wird viel getrunken. Mehr nicht

Ein Mann wie ein Baumstamm: „Kobus der Große" ist Straußenzüchter, Koch, Tourenveranstalter, Tausendsassa. Denn alles ist möglich in diesem Land

gat!
D Restourant

Koketterie mit schlechtem Geschmack: Das Bett in Ronnie's Bed and Breakfast ist ein riesiger Witz aus Seide und Kitsch. Für mehr Mobiliar ist kein Platz

Irgendwo auf halber Strecke steht an der Piste ein Wegweiser. „Gamkaskloof" steht drauf und „Die Hel". Der schmale Sandweg ist der Weg hinab in die Hölle. Von hier oben sieht das Tal eher aus wie das Paradies – eine Kette sanftgrüner Hügel so weit das Auge reicht. Dort unten haben einst jahrhundertelang und in völliger Isolation 150 Menschen gelebt. Als dann endlich 1962 eine Straße gebaut wurde, zogen sie davon, der letzte 1991.

Bei Jans hatte ich André Brinks preisgekrönten Roman „Devil's Valley" gelesen, eine schwarze Satire auf dumpfe Engstirnigkeit und fanatische Frömmigkeit der *Klowers*, der Talbewohner. Eine Erzählung über Inzucht, Inzest und herrischen Geist der Gründerväter, voll fantastischer Bilder. Nein, sagen die Enkel der Klowers heute, das ist Lüge. Denn wir waren hinabgezogen wegen des fruchtbaren Bodens und führten ein Leben wie andere anderswo auch. Heute ist „die Hel" verlassen, die Felder überwuchert; die Natur hat sich ihren Platz zurückerobert.

Ich bin nicht hinabgefahren. Ich wollte die fantastischen Bilder im Kopf behalten vom Zauberer Hans Toordenaar, von dem Pastor Soon Hellig, dem Bestatter Lujas Dood und von Ouma Liesbet Pruim, die jeden Tag auf dem Dach ihres Hauses sitzt und darauf wartet, dass sie gen Himmel fährt. Hatten sie mir nicht in Prince Albert erzählt von schwangeren Frauen, wo nur die Väter die Väter ihrer Kinder sein konnten? Was ist Geschichte, was Realität?

Fahr weiter, hatte Jans gesagt, jenseits, wo die Swartberg-Passstraße auf die Route 62 stößt, beginnt die Klein Karoo. Offenes Land, Schafe, Strauße, Olivenbäume und nur, wo Wasser von den Bergen kommt, auch Rinder. Wäre es April gewesen, hätte ich in

Luxus wie zu Zeiten der Pionierväter: der gewaltige Himmel, die weite Landschaft, Wasser zum Waschen und ein Platz zum Schlafen – Ronnie's B & B an der Route 62

Oudtshoorn gehalten zum „Klein Karoo Nasionale Kunstefees". Dann, wenn die ganze Kreisstadt überschwemmt ist mit Theater, Kunst, Musik und Menschen. Zum größten Festival Südafrikas, einer fantastischen Hommage ans wiederentdeckte Afrikaans – der Sprache, die Schwarz und Weiß gemeinsam haben. Jetzt aber ist Oudtshoorn nur Geschäft mit dem Straußentourismus. Fahr weiter, so Jans, bis zum Bahnhof von Le Roux.

Da stehe ich am verrosteten Gleis, der Wind zerrt an einer zerfetzten Markise, und blicke hoch. Die Sonne liegt schon schräg, und vor mir brennen die Berge. So unwirklich tiefrot, wie früh abends nur in Manhattan die Skyscraper leuchten können. Hier hatte 1925 der Prince of Wales, der spätere kurzzeitige König Edward VIII. und Gemahl der Mrs. Simpson, seinen königlichen Sonderzug samt Entourage halten lassen. Für Stunden, während in Oudtshoorn dem Empfangskomitee in der Hitze die Schminke herabfloss. Denn auf Seiner Hoheit Geheiß hatte der Hofmaler diese Berge zu malen, für Oudtshoorn war der Prinz dann zu ermattet. Das Bild der blutroten Swartberge modert längst in irgendeiner Rumpelkammer des Buckingham-Palastes, doch die Bewohner von Oudtshoorn haben denen von Le Roux noch immer nicht die Schmach verziehen. Geschichtchen als Geschichte.

Irgendwann überlasse ich mich dem Sog der Route 62, jene einst wichtigste Verbindung zwischen Port Elizabeth und Kapstadt. Mit dem Bau der Küstenstraße N 2 hatte sie 1830 bereits ihre Bedeutung verloren. Doch anders als ihr amerikanisches Äquivalent Route 66 verfiel sie in glückseeligen Jahrhundertschlaf. Alles ist so geblieben – eine Landstraße vorbei an ländlich ruhigen Gemeinden, an Hotels, Tankstellen, Tearooms, Trödellädchen, bisweilen kreuzen Eselskarren die Straße. Vorbei an Ortschaften wie Calitzdorp, Ladismith. In Amalienstein hackt Pastor Petrus Brennholz im Hof seiner Pfarrei, nein, ich störe ihn nicht, natürlich schließt er mir seine Kirche auf. Die ist erstaunlich bunt von außen, sienarot, gelb, türkis und von 1853, eine der ersten deutschen Missionarskirchen. Petrus spielt ein paar Takte auf der knarzenden Orgel, alles ist noch so wie damals – leer und von puristischer Härte: Außer dem lieben Gott gibt es hier immer noch nichts.

Mitten im Niemandsland und direkt an der Route 62 steht eine der typischen Arbeiterhütten. Ein belangloser, weißer Kasten, wäre da nicht der Name, der bremst: „Ronnie's Sex Shop".

Drinnen hinter der Theke Ronnie, eine Hand an der Bierflasche, lange Haare, Jeans, Cowboystiefel und ein breites Grinsen. Ein blöder Männerwitz, sagt er, eines Nachts von Freunden rangepinselt, eigentlich wollte ich einen Farmshop eröffnen. Aus Wut beließ es Ronnie bei dem Namen, seitdem halten hier auch Fremde – vorsichtig zuerst, bis sie die winzige Bar, das ausgesessene Sofa, die abgewetzten Teppiche gesehen haben, eben das ganze Zeug, das an vergangene Rock'n' Roll- und Spermüllwohnungs-Zeiten erinnert. Das einzige Detail, das sich mit Sex assoziieren ließe, sind ein paar Dessous an der Wand. Und, Ronnie? Ach, lacht er, du weißt schon, beurteile nie ein Buch nach dem Einband. Noch eine Runde Bier, es ist verdammt heiß draußen!

Und dann wieder das Gefühl der Straße. Ich hätte bleiben wollen in Montagu, ganz sicher auch in Barrydale. Bei Terri, die in ihrer Jam Factory wunderbare Marmeladen

Land handfester Frauen: Für den Käse, den Gay aus der Milch ihrer Jersey-Kühe gewinnt, ist sie weit über Prince Albert hinaus berühmt

und Mixedpickles kocht, und ihrer Freundin Joan, die so staubgrüne und staubbeige Landschaftsimpressionen auf die Leinwand zaubert wie die Langeberg-Bergkette gleich hinter ihrem Häuschen. Oder bei Riaan und Philip in ihrem 200 Jahre alten Hotel, in dessen lasziv purpurfarbener Hotelbar jeder mit jedem schwatzt – der weiße Farmbesitzer mit dem schwarzen Farmarbeiter, Schwule mit Heteros, Engländer mit Buren und die Lesben mit jedermann. Auf der gegenüberliegenden Straßenseite sitzen derweil Hausfrauen auf ihren Veranden und stricken. Hier mischt sich alles, alles ist möglich im neuen Südafrika.

Irgendwo, irgendwann auf dieser Reise durch die Karoo schwimme ich frühmorgens allein in einer Warmwasserquelle. Ein simpler Pool, 36 Grad warm inmitten eines schlichten Campmobil-Parks. Es duftet nach wildem Rosmarin, die Sonne schimmert roséfarben durch den Morgennebel, in der Ferne folgt eine Staubwolke einem davonbrausenden Geländewagen. Ich rieche das Frühstück – es wird Toast mit Eiern und Speck geben und einen warmherzigen Abschied. Und ich bin mir sicher, hier hätte auch ich ein Haus gebaut wie Jans.

Wegen der Landschaft, wegen der Menschen und wegen ihrer vielen Geschichten.

Charlotte von Saurma *ist Mitglied der* MERIAN-*Redaktion und hat dieses Heft betreut.*
Gregor Lengler, *freier Fotograf aus Hamburg, liebt archaische Landschaften wie die Karoo.*

MERIAN TIPP DURCH DIE KLEINE UND GROSSE KAROO

ÜBER NACHT

❶ DE BERGKANT LODGE
5 Church Str., Prince Albert, Tel. (023) 541 10 88, E-Mail: waterknt@iafrica. com, DZ ab 200 R B & B in schön restauriertem kapholländischen Missionshaus (1858). Riesige Zimmer, Garten, Pool

❷ THE BARRYDALE
30 Van Riebeeck St., Barrydale, Tel. (028) 572 12 26, Fax 572 11 85, DZ ab 360 R 100 Jahre altes, frisch renoviertes Hotel mit 6 Zimmern plus öffentlicher Bar. Eine prätentiös perfekte Orgie für Augenmenschen: Das Werk eines Bühnenbildners und dessen Freund, eines Antiquitätenhändlers. Garten, Pool

❸ OULAP COUNTRY HOUSE
15 km östl. von De Rust, Tel. (044) 241 22 50, Fax 241 22 98, E-Mail: oulap@mweb.co.za, DZ ab 525 R Die Quintessenz südafrikanischer Gastfreundschaft im Haus des Regisseurs Jans Rautenbach: inmitten großartiger Landschaft, voller Bücher und Kunstwerke. Dazu Tischgespräche mit dem Hausherrn und seiner Frau, die auch noch perfekt kocht. Garten, Pool

❹ WARMWATERBERG SPA
Self Catering, DZ ab 70 R, Tel. (028) 572 16 09, Fax 572 17 69 Einfache, aber vollständig ausgerüstete Mobilhomes, rustikales Restaurant, deftige Bar, fantastische Aussicht. Der Clou: Baden im Warmwasser-Pool, der aus einer Quelle gespeist wird. In der Saison vorbestellen!

RESTAURANTS, BARS

❶ KAROO KOMBUIS
18 Deurdrift St., Prince Albert, Tel. (023) 541 1110 Kleines, intimes Restaurant, in dem jeder jeden kennt, geführt von zwei Ex-Stewards aus Johannesburg. Traditionelle Küche. Tischreservierung. Keine Kreditkarten

❺ RONNIE'S SEX SHOP
Direkt an der Route 62 zwischen Barrydale und Ladismith, Tel. (028) 572 11 53, DZ 100 R Kein Sex, sondern Bier, Rock'n' Roll, Barbecue, immer gute Stimmung und für müde Zecher eine winzige Kate mit Doppelbett

EINKAUFEN

❶ GAY'S DAIRY
Ende der Church Street, Prince Albert, Telefon (023) 541 13 45 Jeden Tag frische Milch, sanfte Joghurts, Käse (unbedingt den Royal Cheese probieren!) direkt aus der Molkerei

❷ JAM TART KITCHEN
24 Hellier St., Barrydale, Tel. (028) 572 11 54, 9-16 Uhr Marmeladen, Chutneys, Saucen, Olivenbrot, Mixedpickles, Tapas – und alles selbstgemacht aus eigenen Produkten

SEHENSWÜRDIGKEITEN

❶ FRANSIE PIENAAR MUSEUM
Church Street, Prince Albert, Tel. (023) 541 13 66, Mo-Fr 14-17 Uhr Museum im Stil eines Privathauses mit wunderbaren Einblicken in Wohnkultur und einer klugen, enthusiastischen Leiterin

❻ EVANGELISCH LUTHERISCHE KIRCHE AMALIENSTEIN
Amalienstein, Ortsmitte Restaurierte deutsche Missionskirche von 1853. Innen schlicht und leer. Schlüssel bei Pastor J. Petrus (im Pfarrhaus)

❼ MATJIESFONTEIN
Direkt an der N 1, 240 km östl. von Kapstadt Perfektes viktorianisches Kleinod aus wenigen Häusern: Hotel, Kneipe, Bahnstation, Post, Kirche. Um die Jahrhundertwende als modisches Ferien- und Kneippbad von dem Schotten Logan gebaut

❽ KLEIN KAROO NATIONAL ARTS FESTIVAL (KKK)
Oudtshoorn Tourism, Telefon (044) 279 25 32 Alljährlich im Herbst stattfindendes größtes Kulturfestival Südafrikas: Tanz, Film, Kabarett, Musik, Comedy, Zirkus, Theater, Kunst, Dichtung etablierter und junger Künstler

TOUREN

TÄLER UND PÄSSE
Spektakulär sind die Talstraßen durch die Meirings-, die Schoemans-, die Seweweekspoort und die Höhenstraße über den Swartberg-Pass. Außerdem die gesamte R 62 von Uniondale bis Montagu

❾ GAMKASKLOOF/DIE HEL
Taleinfahrt ca. Mitte der Swartberg-Passstraße, Cape Nature Conservation, Tel. (04 43) 60 23 54 11 Legendenumranktes Tal, in dem rund 150 Jahre und bis 1992 Menschen isoliert gelebt haben. Heute verlassen, einfache Hütten zum Übernachten (Reservierung über obige Tel.-Nr.)

❿ KOBUS SE GAT
An der R 328 Richtung Prince Albert, Tel. (044) 279 18 31, Fax (044) 272 6142, E-Mail: swartexp@mweb. co.za, Website: www.swartberg. bizland.com Kundigster Tourenveranstalter der Gegend: Mountainbike-Rundfahrten, Touren zu den Farmen, Swartberg-Pass und in „Die Hel"

Nur Weite und kein Zaun: Der Park ist so groß, dass die Tiere ungehindert wandern können. Die Population an Spring- und Spießböcken ist besonders hoch

Die Herren der Wüste

Der Kalahari Gemsbok National Park im äußersten Nordwesten zählt zu den größten Wildschutzgebieten Afrikas. Ein riesige Halbwüste von besonders bizarrer Schönheit. Sie ist die Heimat der San, der allerletzten der ersten Menschen Südafrikas

Text: Andries W. Oliphant

Foto: Peter Lillie

In den letzten Monaten am Ausgang des 20. Jahrhunderts reiste ich in die öden Weiten der Südkalahari, um herauszufinden, wie Südafrika mit der Geschichte kolonialer Landnahme und ihren Auswirkungen auf die Ureinwohner, die Buschmänner oder San, ins Reine zu kommen versucht. Es war eine Fahrt durch die regenarmen Landstriche des Nordwestens mit ihren Dornbäumen, Aloesträuchern, den Steinen und dem dürren Grasland bis zu jenem mächtigen Meer aus Sand, das den Namen Südkalahari trägt. Vor mir erstreckte sich eine schier unendlich weite Fläche von eigenwilliger Dramatik. Am Horizont tänzelte ein Straußenpaar über die Dünen, hoch oben im stahlblauen Himmel trieben Ohrengeier.

Auch wenn die Kalahari streng genommen nicht als Wüste gilt, ist sie dennoch die größte Sandfläche unseres Planeten. Sie bedeckt eine Fläche von rund 830 000 Quadratkilometern, von der die südafrikanische Kalahari etwa 20 Prozent ausmacht – eine karge Landschaft aus Quarzsand, aufgetürmt zu mächtigen Dünen, die infolge Eisenoxidablagerungen rötlich braun schimmern. Unterbrochen nur von Tupfern aus Gras, Gestrüpp, Dornbäumen.

Das Klima ist extrem, im Winter bis zu minus 15 Grad kalt, im Sommer 45 Grad heiß. Jetzt und Anfang August war es tagsüber heiß, aber noch angenehm: Windböen wirbelten Staubfahnen auf, die über die unendlichen Weiten fegten, und aus den Dünen stieg roter Rauch auf, der aus feinem Sand bestand. Nachts lagen die Temperaturen noch über dem Gefrierpunkt, trotzdem war es schon eisig kalt. Dafür zeigte sich der Nachthimmel als ein gleißender Wirbel von Galaxien.

Ich wollte in den Kalahari-Gemsbok-Nationalpark, seit 1931 Südafrikas geschützte Wildnis. Zwischen Namibia und Botswana gelegen, erinnert der Park in seinen Konturen an ein steinzeitliches Messer, dessen unteres, südliches Ende an den Zusammenfluss des Auob und des Nossob grenzt, das seitliche, östliche an den Gemsbok-Nationalpark in Botswana. Anfang 1999 wurden beide Parks zum Kgalagadi-Transnationalpark zusammengeschlossen. Der Name *kgalagadi* bedeutet in der Sprache des gleichnamigen Volksstammes „Salzpfanne"; *kalahari* dagegen ist eine Verballhornung dieses Wortes durch frühere Forschungsreisende. Die letzten der ersten Menschen Südafrikas lebten in diesem Gebiet.

Seit über 40 000 Jahren ist die lebensfeindliche Weite die Heimat des Volkes, das wir San nennen; archäologische Funde an den Ufern urzeitlicher Flüsse belegen es. Als dann in den fünfziger Jahren zum Schutz für Flora und Fauna der Nationalpark eingerichtet wurde, war für Menschen kein Platz mehr. Die wenigen hier noch lebenden San wurden vertrieben, ihre Hütten niedergebrannt. Die Jagd, von der sie seit Tausenden von Jahren gelebt hatten, wurde ihnen verboten, sie selbst schob man in Elendssiedlungen ab.

So weit die Erinnerungen der San zurückreichen, sind sie als Nomaden, als Jäger und Sammler in kleinen Familienverbänden unbehelligt durch die Kalahari gezogen. Dann, zu Beginn des 18. Jahrhunderts, wurden sie zunächst von den Hirtenstämmen der Bantu verdrängt, später von europäischen Siedlern verfolgt. Die einzige Waffe, mit der sich die San wehren konnten, waren Pfeil und Bogen, die allenfalls dann tödlich waren, wenn die Pfeilspitze in Schlangen- und Pflanzengift getaucht wurde.

Eine Zeit lang überlebten einige der San noch dank geschickter Guerillataktik, doch gegen die planmäßige ethnische Säuberung durch weiße Siedler und die Krankheiten, die jene einschleppten, hatten sie keine Chance. Mit dem Verlust ihres Lebensraums und ihrer traditionellen Lebensformen war das Ende des alten Kulturvolks besiegelt. Heute gibt es nur noch etwa 1000 San in Südafrika.

Nach dem Ende der Apartheid wollte die neue Regierung den überlebenden San ihr angestammtes Land zurückgeben. Denn das gnadenlos gedemütigte Volk eignet sich vortrefflich als Symbol für die Notwendigkeit, all denjenigen ihre Rechte und Würde zurückzugeben, die unter der Herrschaft der weißen Minderheit so viel gelitten hatten. So beschloss der Verwaltungsrat der Nationalparks, den ursprünglichen Einwohnern 550 Quadratkilometer Fläche zu übereignen. Einen winzigen Teil des Kalahari-Gemsbok-Nationalparks.

Ich war neugierig, was aus dem Versprechen geworden war. Gleich bei meiner Ankunft in der Randzone der Kalahari wurde mir bewusst, dass ich in eine menschenleere Landschaft geraten war, die wie jeder unserer Nationalparks doch nie menschenleer gewesen war. Ein Land der Vertriebenen. Andererseits ist die Kalahari wie jede Wüste eine Landschaft der Legenden und der Fata Morgana. Denn in der Weite dieser Ödnis blühen alle Arten, alle Abarten von Geschichten besonders üppig, von den Bewohnern wie den Besuchern hundertfach erzählt und hundertfach ausgeschmückt – alle und alles, um die Leere der Landschaft zumindest mit Worten zu füllen.

Die holländischen Siedler hatten die San *bosjemans* (englisch: *bushmen*) getauft. Also zu Wilden erklärt, die ins Tierreich gehörten – nach den Elitevorstellungen der Kolonisatoren der angemessene Platz für alles Primitive. Damit waren sie zum Abschuss freigegeben, konnten Tieren gleich ohne moralische Skrupel gejagt werden. Auch den Namen San hatten sich die Ureinwohner der Kalahari nicht selber gegeben, genau genommen ist er ein Schimpfwort, das die Weißen der namibischen Nama-Sprache entlehnt hatten, das „Strolch" oder „Schurke" bedeutet. Die San selbst kennen keinen Namen für ihr Volk; allenfalls Stämme haben Namen – so leben beispielsweise die */Xam* im zentralen Kapland oder die *!Kung* in Botswana.

Heute reden wir Südafrikaner von der Wiedergeburt der San. Mühen sich Ethnologen und Historiker, das peinliche Bushmen-Image zu korrigieren, forschen Etymologen nach den verschiedenen Klick- und Schnalzsprachen, die sie für verloren glaubten. Die San sind zum Modethema avanciert, Fotos barfüßiger Nomaden mit Jagdspeer und im knappen Lendenschurz vor der blutrot untergehenden Sonne sind gefragt – Bilder einer stilisierten Idylle, die uns immerhin bewusst machen, dass wir eine Urbevölkerung haben, die irgendwie irgendwo überlebt hat.

Während ich mich dem Ziel meiner Reise näherte, begeisterte ich mich für den Kameldornbaum, der mit seinen weit

Fotos: Michael Martin, Art Wolfe#

verzweigten Pfahlwurzeln unterirdische Wasservorräte anzapft. So kann er einerseits überleben, ist andererseits wichtig für andere: Seine Fruchtknollen fressen Elefanten, Vögel, Nagetiere, Insekten, die Menschen wiederum nutzen sie als Hafer- und Kaffee-Ersatz. Der wiederum ist sowohl Kosmetikum wie auch Arznei gegen Erkältung, Nasenbluten, Ohrenschmerzen, Kopfweh, Husten. Ich schaute mir den knorrigen *Shephard Thorn* an, den Schäferdornbaum, der wegen seiner weißen Flecken auf der Rinde auch *Witgat*, Weißarsch, heißt. Er ist wichtig für die San, da er einer Vielfalt von Lebewesen die tägliche Nahrung sichert – sie nennen ihn darum auch Lebensbaum. Diese Dornbaumarten, die steilen Dünen, die widerstandsfähigen Gräser, das schmucklose, an den salzigen Boden dieser Halbwüste angepasste Gestrüpp – all das bietet eine verblüffend schöne Naturkulisse.

Nach zwei Tagen in der Kalahari erreichte ich den Nationalpark. Rund zehn Kilometer vor dem Eingangstor stand ein Dorf mit dem Namen „Wellkom“, das inmitten der Sanddünen thronte: eine San-Siedlung. Unmittelbar vor dem Tor zum Park saß vor einer Grashütte und gleich neben der Straße ein in Felle gekleideter Mann inmitten von Sandwolken, die vom Wind und den vorbeibrausenden Autos aufgewirbelt wurden. Eine Frau hockte neben ihm, ein Kind tauchte im Eingang der elenden Hütte auf, winkte fröhlich. Eine Szene, die mich an alte Fotografien armer landloser Bauern erinnerte.

Ich ging auf den hageren Alten zu. Er hatte einen Stoppelbart und ein knochiges Gesicht und kauerte neben einem Feuer, auf dem eine undefinierbare Flüssigkeit in einer rußgeschwärzten Konservendose köchelte. Ein kühler Lufthauch strich über die sanft gewellten Flanken der Dünen, die hinter uns wie riesige, kopfüber treibende Schiffsrümpfe aus der Landschaft aufragten. Der Himmel war wolkenlos. Ich begrüßte den Mann, setzte mich neben ihn in den Sand. Er erwiderte meinen Gruß. Ich nannte meinen Namen, er mir seinen, Jakob Malgas, und den seiner Frau, Lena. Sie saß unter einem aus dürren Ästen zusammengebundenen Gestell, von dem an Schnüren Halsbänder aus Knochen und einige andere einfache, ohne jeden künstlerischen Anspruch aus Holz geschnitzte oder aber aus Gras geflochtene Gegenstände baumelten. Lena hielt ein Stück Eisendraht ins Feuer, um es zu erhitzen und damit Löcher in Knochenscheiben zu bohren.

„Jakob, was kochst du da?“, fragte ich auf Afrikaans.

„Wie war noch mal dein Name?“, antwortete er und grinste. „Ha“, kicherte er, „dein Name klingt ähnlich wie meiner. Jakob Malgas, das ist der Name eines Menschen, dem man alles gestohlen hat, das Land, die Vergangenheit, die Zukunft.“ Er sagte eine Weile nichts und fügte dann hinzu: „Was soll’s. Ich bin trotzdem ein alter Dünenbock.“

Ich sah ihm zu, wie er die dunkelgrüne Brühe in der Blechdose auf dem Feuer umrührte.

„Das da ist *!xamaku*“, sagte er.

„!xa … ma … ku?“ wiederholte ich und sah ihn fragend an.

„Es entschlackt den Körper. Reinigt das Blut. Eine gute Sache für einen alten Bock wie mich“, erklärte er.

„Wie lange wohnst du schon hier draußen?“, fragte ich.

„Schon lange. Wir sind hierher gezogen, nachdem wir ein Jahr lang in der Kagga Kamma auf einer Wildfarm gelebt hatten. Dort haben wir für Touristen gesungen und getanzt, auch Sachen aus Gras geflochten, aus Holz und Knochen geschnitzt. Der Besitzer der Farm hat sie für uns verkauft. Wir sind gegangen, weil er uns kein Geld dafür geben wollte. Das Geld vom Singen und Tanzen und von den Sachen, die wir gemacht haben, sagte er, muss er von seinen

Kein Job, kein Dach über dem Kopf: Solange die Nomaden nicht wissen, wie sie überleben sollen in jenem winzigen Teil der Kalahari, den man ihnen zurückgegeben hat, leben sie in Notunterkünften. Verdingen sich als Fährtenleser an Parkbesucher

Unkosten für unser Essen und die Unterkunft abziehen. Also haben wir unsere Sachen gepackt und sind hierher gekommen."

Lena, die währenddessen die Knochenscheiben zu einem Halsband aufgefädelt hatte, erzählte weiter: „Zuerst mit einem Lastwagen bis Upington. Von da mit Eseln, ich und Jakob und der Junge !Xaman. Das ist jetzt schon mehr als ein Jahr her."

Die beiden schwiegen wieder eine Weile, bis Jakob von Neuem begann: „Jetzt wohnen wir direkt neben der Straße. Was sollen wir denn sonst machen? Unsere Heimat ist da drüben." Und er zeigte mit dem Finger in Richtung Nationalpark.

„Wann zieht ihr in den Park?" fragte ich.

„Man hat uns Land geschenkt. Ich hab's noch nicht gesehen. Ich habe nur Leute davon schwatzen hören. Das Fleckchen Sand hier neben der Straße ist alles, was ich kenne."

„Der Minister und die Parkverwaltung haben aber zugestimmt", fing ich an, doch er schnitt mir das Wort ab.

„Der Minister? Ja, der war hier, hat mir die Hand geschüttelt. Netter Kerl. Jakob Malgas, hat er zu mir gesagt, du musst doch nicht länger neben der Straße wohnen bleiben, dir gehört doch jetzt dein eigenes Land. Es klang wie Musik in meinen Ohren."

„Immerhin 550 Quadratkilometer", kommentierte ich.

„So wird's behauptet", grinste er. „Aber ich trau denen von der Parkverwaltung nicht. Die haben uns vor 50 Jahren rausgeschmissen." Er zog die Stirn in Falten und roch an der grünen Brühe im Blechtopf. „Und jetzt werden sie uns nicht wieder reinlassen. Der Park ist für die wilden Tiere da, hat der Mann von der Parkverwaltung zu uns gesagt. Aber wir sind keine Wilden mehr."

Lena sah mich kurz an, wandte sich dann wieder ihrem Knochen zu. „Das heißt also?" fragte ich.

Jakob trank einen kleinen Schluck von seiner Brühe und antwortete mit emotionsloser Stimme: „Dass sie uns den ganzen verdammten Park zurückgeben sollen. Er gehört uns."

In Wahrheit, dachte ich in diesem Moment, gibt es keinen Ort mehr, an den sich die San zurückziehen können. Es gehört ihnen nichts mehr, nicht einmal mehr ihre Ahnen gehören ihnen, ihre Regentänze. Nur der unendliche Fatalismus in diesem Ozean aus Sand und wirtschaftspolitischen Interessen. Aber was weiß der alte Jakob Malgas schon vom Öko-Tourismus, Südafrikas Zukunftsindustrie mit den größten Zuwachsraten?

Während Jakob noch redete, hielt direkt neben uns inmitten einer Staubwolke ein Kleinbus, Touristen stiegen aus. Der Junge, der neben uns in der Sonne gelegen hatte, sprang auf und flüchtete in die Dünen. Lena rief ihm irgendetwas nach, er sah sich kurz um, verschwand wortlos. Jakob erhob sich mit einer Grimasse. „Keine Fotos", sagte er auf Afrikaans zum Reiseleiter. „Wer einen Fotoapparat dabei hat, muß mir zehn Rand zahlen." Kommentarlos sammelte der Reiseleiter das Geld ein, Jakob und Lena stellten sich in Pose. Als die Kameras zu klicken begannen, stand ich auf und winkte den beiden zum Abschied. Im Weggehen sah ich in ihre Hütte: eine windschiefe Bude aus Holz und Gras, voll gestopft mit Plastiktüten und Kleidungsstücken, rostigen Konservenbüchsen und Krempel.

Bei meiner Abfahrt lief mir Petrus Vaalbooi über den Weg, den ich bereits früher einmal anlässlich einer Ökologie- und Kultur-Tagung kennen gelernt hatte. „Wir besitzen jede Menge Dokumente und Papiere", sagte Vaalbooi. „In den Papieren steht zwar alles mögliche über unsere Rechte, aber kein Mensch weiß eine Antwort auf unsere Probleme. Schauen Sie sich unsere Armut an. Es gibt keine Arbeit. Wir hungern." Er blieb stehen und zeigte auf die improvisierten Unterkünfte in den Dünen.

Einst zählte das gesamte Gebiet, das wir heute unter dem Begriff Südafrika kennen, zu den Jagdgründen der verschiedenen Familienverbände der San. Heute aber ist die Kalahari – ihre alte Heimat, die sie mit der Gemsantilope und zahlreichen anderen Antilopenarten geteilt hatten, die Seite an Seite mit den mächtigen Kalahari-Löwen, den Leoparden, Geparden und Hyänen lebten – ein Ort, den diejenigen verwalten, die einst die San vertrieben haben. Und nur ein kleiner Teil dieses Areals soll ihnen demnächst übereignet werden.

Auf der Heimfahrt folgte ich dem mächtigen Felsmassiv im Westen, wo einst die ersten Bewohner des südlichen Afrika Unterschlupf gesucht hatten, und ich musste an ihre Felsmalereien und -gravuren denken. Anfang 1999, als er die 550 Quadratkilometer an die San zurückgab, mahnte Südafrikas Präsident Thabo Mbeki seine Landsleute, sich auf ihr reiches, geschichtliches Erbe zu besinnen. Die Rückgabe der Landstriche in der Kalahari an die San, so Mbeki, werde der Augenblick der Wiedergeburt eines ganzen Volkes ein.

Skeptiker haben da ihre Zweifel. Wenn die San aufs Neue das alte Leben aufnehmen werden, so wäre eines sicher: Die Ureinwohner würden weiterhin in tiefer Demütigung verharren müssen. Als Fotospektakel für Touristen.

Die San selbst sind optimistischer. Ihr Stammesältester David Kuiper ist fest davon überzeugt, dass mit jenem Tag, an dem die San endlich wieder ihr angestammtes Land betreten, die schreckliche Vergangenheit vergessen sein wird: „Wir werden unser Leben als Jäger wieder aufnehmen und uns von den Früchten der Kalahari ernähren. Wir werden unsere alten Traditionen wieder beleben, wir werden unter dem Dornbaum sitzen, Geschichten erzählen, Singen und uns in Trance tanzen. Die alte Pracht unseres Lebens wird wieder erstehen."

Andries W. Oliphant *ist Literaturprofessor an der Universität Pretoria. Der Autor bekam zahlreiche Preise und Auszeichnungen, 1998 den „Journalist of the Year Award".*

Breitmaulnashorn: am besten zu beobachten in den Naturschutzgebieten der Provinz Kwazulu Natal

MERIAN TIPP DIE 10 BESTEN WILDPARKS

INFOS UND BUCHUNG

SOUTH AFRICAN´ NATIONAL PARKS
44 Long St., Kapstadt, Tel. (021) 4222810, Fax 4246211, E-Mail: reservations@parks-sa.co.za, Website: www.parks-sa.co.za
Buchungen für die Nationalparks Kgalagadi, Kruger, Addo und Augrabies

KWAZULU-NATAL CONSERVATION SERVICES,
Telefon (0331) 8451000 und Fax 8461001; oder vor Ort in Durban, Tourist Information, 160 Pine St.
Buchungen für die Parks Drakensberge, Greater St. Lucia, Hluhluwe-Umfolozie und Itala

PILANESBERG NATIONAL PARK
Tel. (014) 6555351, Fax 6555525

LAPALALA WILDERNESS AREA (Nr. 7), Telefon (011) 4537645, Fax 4537649

KGALAGADI TRANSFRONTIER PARK

1999 entstanden aus dem südafrikanischen Kalahari Gemsbok Park (Northern Cape Province) und dem botswanischen Gemsbok National Park
Größe 38000 km^2 **D/E 2/3**
Anfahrt Von Upington über die R 360 (großteils neu geteert) bis zum südlichen Parktor (220 km)
Im Park Sandstraßen, geeignet auch für normale Autos. In Upington gibt es diverse Reiseveranstalter, die organisierte Touren anbieten
Landschaft Trockensteppe mit Sanddünen, Trockenflüssen und karger Vegetation
Tiere Löwen, Leoparden, Geparde, Hyänen, Wildhunde, Schakale, Springböcke, Oryx-, Elen- und andere Antilopenarten, 214 Vogelarten. Einzigartig: *weiße Kalahari-Löwen, Geparde*
Attraktionen Wer in zwei Tagen die „Big Five" sehen will, ist hier falsch. Aber wer Erholung sucht und sich von der langen Anfahrt nicht abschrecken lässt, erlebt Afrika en nature: Löwen auf der Jagd, riesige Antilopenherden in unberührter Weite, nachts Lagerfeuer-Romatik mit Raubkatzen-Gebrüll. Von November bis Februar ist es oft sehr heiß (40 Grad)!
Übernachtung drei Camps mit Hütten für Selbstversorger

KRUGER NATIONAL PARK

Mpumalanga und Northern Province (Grenze zu Mosambik)
Größe 319500 km^2 **K 1/2**
Anfahrt Von Johannesburg aus auf die N 12, bei Klipfontein auf die N 4, bis zum Malelane Gate (Südende) sind es 440 km
Im Park Mehr als ein Drittel der Straßen im Park sind asphaltiert, der Rest Schotterstraßen, die kein 4W-Drive brauchen. Es sei denn, es regnet heftig!
Landschaft Baum- und Buschsavanne, Flussauen. Im Südwesten felsig, im Norden Sandveld
Tiere Elefanten, Nashörner, Büffel, Löwen, Leoparden, Geparde, Giraffen, Zebras, Wasserböcke, Kudus und andere Antilopen. Mehr als 500 Vogelarten. Einzigartig: *„Big Five", Elefanten besonders im Norden*
Attraktionen Mit 146 Säugetierarten, 114 Reptilien- und mehr als 500 Vogelspezies ist der Krugerpark eines der artenreichsten Reservate Afrikas: Auf einer Länge von 400 km und Breite von ca. 60 km leben 200000 Säugetiere
Übernachtungen Sensationen ziehen bekanntlich Menschen an: 900000 Besucher kommen alljährlich. Alles ist organisiert – das asphaltierte Straßennetz, die komfortablen Camps, die Buschwanderungen (mit oder ohne Übernachtung in Zelten), die Pirschfahrten in Jeeps. Denken Sie daran: Der 102 Jahre alte, berühmteste Park des Landes ist oft überlaufen, also Übernachtungen und Touren früh buchen! Skukuza im Süden ist das größte Camp, mit Museum, Golfplatz, Bank, Post. Weiter nördlich bei Satara gibt es viele Löwen. Das zentral gelegene Olifants ist das schönste Camp; Mopani, weiter nördlich, hat die luxuriösesten Unterkünfte, das beste Restaurant. Ganz im Norden, beim stillen Punda Maria Camp, liegt die Ausgrabungsstätte Thulamela aus dem 13. Jh. Die ideale Zeit, um Tiere zu beobachten, ist von April bis August: das Klima gemäßigt und trocken, es gibt kaum hohes Gras, der Busch ist ausgedünnt. In der Regenzeit (November bis Februar) wird es heiß und feucht, und wegen der vielen Mücken herrscht erhöhte Malariagefahr

DRAKENSBERGE

KwaZulu-Natal und Free State
Größe Der ganze Gebirgszug mit mehreren Schutzgebieten umfasst ca. 3000 km^2 **H/I 4**
Anfahrt Von der N 3 zweigen viele kleine Stichstraßen nach Westen in die Drakensberge ab, an deren Ende Camps mit Übernachtungsmöglichkeiten liegen. Im Süden führt der Sani-Pass über die Berge nach Lesotho
In den Bergen Es gibt keine Verbindungsroute von Nord nach Süd; für die Stichstraßen zu den jeweiligen Parks ist kein 4W-Drive erforderlich. Ausnahme: der Sani-Pass
Landschaft Die höchste Berglandlandschaft Südafrikas: Felswände, weites Grasland, rauschende Wasserfälle, farnüberwucherte Wälder
Tiere Zebras, Elenantilopen, Gnus, Bergriedböcke, Paviane, Kraniche. Einzigartig: *Bartgeier*
Attraktionen Die Drachenberge sind ein Paradies für Wanderer: Überall gibt es gut angelegte Trails unterschiedlicher Schwierigkeitsgrade. Sie führen durch Berglandschaften mit spektakulären Aussichten und wilden Tieren. An über 600 Stellen haben die ersten Bewohner, die San, Felszeichnungen hinterlassen – leicht zugänglich sind die Höhlen bei Giant's Castle, Injusuti und Kamberg. Die bekanntesten Schutzgebiete sind der Golden Gate Park im Norden, der Royal Natal Park weiter südlich, Giant's Castle im Süden
Übernachtungen In und außerhalb der Parks in Camps, Hotels

GREATER ST. LUCIA WETLAND PARK

KwaZulu-Natal
Größe 2750 km^2 **K 3/4**
Anfahrt Von Durban sind es 250 km über die N 2; Ausfahrt Mtu-

Foto: Art Wolfe

Giraffe, Kudu und Leopard: Gleich alle drei Tierarten können Sie im Kruger National Park sehen. Der Leopard allerdings ist besonders scheu, auch wenn die Raubkatze noch in vielen Regionen Südafrikas auch außerhalb der Schutzzonen lebt

batuba, die R 618 bis zum Ort St. Lucia am Südende des Parks
Im Park Die meisten Straßen sind nicht geteert, manche davon streckenweise in sehr schlechtem Zustand: Meist (je nach Wetter) können sie trotzdem mit normalen Autos befahren werden. Im Zweifelsfall bei der Parkverwaltung anrufen
Landschaft Das Herz des Parks ist der 360 km² große St. Lucia See, Südafrikas größter. Bis zu 200 m hohe bewaldete oder grasbewachsene Dünen trennen ihn vom Indischen Ozean, die Wellen rauschen über endlose Strände, im warmen Meerwasser wachsen Korallenriffe. Im Norden des Sees liegen die Mkuze-Sümpfe, im Westen erstrecken sich trockene Dornsavannen
Tiere Leoparden, Geparde, Hyänen, Büffel, Nashörner, Antilopen, mehr als 400 Vogelarten. Einzigartig: *viele Krokodile und Flusspferde*
Attraktionen Der Park bietet die besten und abwechslungsreichsten Wanderungen im ganzen südlichen Afrika, also rechtzeitig buchen! Sie durchstreifen dabei sechs Bio-Zonen zwischen Meer und Steppe, schnorcheln in tropischen Korallenriffen, können (je nach Jahreszeit) Buckelwale beobachten, Wasserschildkröten bei der Eiablage observieren. Am Cape Vidal gibt es urige Blockhütten direkt am Strand. Bei einer zweistündigen Bootstour auf dem St. Lucia-See sehen Sie Krokodile, Flusspferde, Fischadler
Übernachtungen die gesamte Spannbreite von Blockhütten bis zu Luxuslodges

HLUHLUWE-UMFOLOZI GAME RESERVE

KwaZulu-Natal
Größe 1000 km² **K 3/4**
Anfahrt Von Durban ca. 230 km über die N 2 (ausgeschildert)
In Park Die Schotterstraßen sind mit normalen Autos befahrbar
Landschaft hügelig, mit mehreren Flusstälern; subtropische Wälder, Savanne und Grasland
Tiere Elefanten, Nashörner, Büffel, Löwen, Leoparden, Hyänen, Geparden, Wildhunde, Zebras, Giraffen, Flusspferde, viele Antilopenarten, 320 Vogelspezies. Einzigartig: *Krokodile*
Attraktionen Auf ausgezeichneten Trails können Sie in Nähe der Camps auch allein durch die Wildnis streifen. Oder mit einem Führer auf die Pirsch gehen: Achtung, Sie werden dabei fast immer auf Nashörner treffen, hier leben rund 1500 Exemplare. Andere Highlights sind Nacht-Safaris (Beobachtung von Löwen und anderen Raubkatzen) sowie Bootsfahrten auf dem Hluhluwe River
Übernachtungen Chalets, Camps bis zur Edellodge inklusive Koch

PILANESBERG NATIONAL PARK

North West Province
Größe 500 km² **H 2**
Anfahrt Von Johannesburg über Rustenburg bis zum östlichen Eingang des Parks (ca. 2 Std.)
Im Park Normales Auto
Landschaft Hügeliges Grasland auf Vulkangestein: ein in den 70er Jahren kreierter künstlicher Park, in dem Tiere aus anderen Parks ausgewildert wurden
Tiere Elefanten, Nashörner, Büffel, Löwen, Leoparden, Geparde, Wildhunde, Flusspferde, Giraffen, Antilopen, viele Vogelarten. Einzigartig: gute Chance, die „Big Five" zu sehen
Attraktionen Relativ kleiner Park, ideal für Reisende mit wenig Zeit. Das Kontrastprogramm dazu bietet Sun City gleich nebenan: Südafrikas Las Vegas
Übernachtungen Die meisten Besucher übernachten in Sun City. Im Park selbst gibt es drei Camps mit Chalets, Zelten, Hütten

LAPALALA WILDERNESS AREA

Northern Province
Größe 350 km² **H 1**
Anfahrt Autofahrt von Johannesburg (4 Std.): Über die N 1 bis zum Abzweiger Nylstroom, in Vaalwater R 561 nach Marken, kurz vor Melkrivier (Schild) links ab auf eine Schotterstraße
Im Park Fahrten mit Privatwagen verboten, Wanderungen aber auch ohne Guide möglich. Außerdem: Reiten, Kanu fahren, Game Drives. Für die Zufahrt zum Camp reicht ein normales Fahrzeug
Landschaft Wilde Buschsavanne in Hochebene, die von zahlreichen Flüssen durchzogen wird
Tiere Zebras, Giraffen, Flusspferde, Krokodile, Säbelantilopen, Kudus und weitere Antilopenarten, über 270 Vogelspezies. Einzigartig: *Spitzmaul- und Breitmaulnashörner*
Attraktionen Die Waterberg-Hochebene mit der (privaten) Lapalala Wilderness Area und weiteren Privat-Reservaten ist der Geheimtipp für Naturfreunde: Sie können Wildnis und Tierwelt eigenständig zu Fuß, Pferd oder Kanu erkunden. Weniger Tiere als im Kruger-Park, aber dafür keine Autoschlangen und Autofenster, die Sie von den Tieren trennen: Hier grasen die Kolosse wenige Meter neben Ihnen. Gute Infos zu Nashörnern im Rhino Museum
Übernachtungen eine Lodge mit Cottages, ein Camp mit Luxuszelten

ITALA GAME RESERVE

KwaZulu-Natal
Größe 300 km² **K 3**
Anfahrt Von Johannesburg die N 17 bis Ermelo, N 2 bis Piet Retief, ab da R 33 bis Vryheid, R 69 über Hlobane bis Louwsburg. Den Schildern zum Parktor folgen (ca. 500 km)
Im Park 4W-Drive nicht erforderlich. Da es keine Löwen gibt, dürfen Sie sich 10 m vom Auto entfernen, picknicken, baden
Landschaft Spektakuläre Klippen und bewaldete Hänge, bis

Fotos: Richard DuToit (2), Age/Mauritius

1440 m hohe Ngoje-Berge. In den Ebenen Akazien-Dickicht und Grasland, zahlreiche Flüsse mit üppiger Ufervegetation
Tiere Elefanten, Nashörner, Büffel, Leoparden, Geparde, Hyänen, Luchse, Paviane, Zebras, Giraffen, Kudus, Impalas und andere Antilopenarten, über 300 Vogelspezies. Einzigartig: *Breitmaulnashörner*
Attraktionen Für viele ist Itala das beste Reservat für Wildbeobachtungen im südlichen Afrika: Wenig Menschen, Ruhe, und spektakuläre Landschaften. Eine besonders schöne Rundfahrt ist der Ngubhu Loop mit einem Halt am Ngubhu Picnic Site. Auf mehreren Trails können Sie die bewaldeten Hänge oberhalb des Camps auch ohne Guide erkunden
Übernachtung Ntshondwe ist Südafrikas meistprämiertestes Game-Reserve Camp. Außerdem drei Lodges mit Hütten

ADDO ELEPHANT PARK

Eastern Cape Province
Größe 150 km^2 **G 6**
Anfahrt Von Port Elizabeth (75 km) N 2 Richtung Grahamstown, bei Ncanaha auf die N 10, in Paterson links auf die R 342
Im Park Kein 4 W-Drive
Landschaft Dichtes Buschland mit vielen Speckbäumen, Beobachtungshügel entlang der Wege
Tiere Elefanten, Nashörner, Büffel, Schakale, Luchse, Ginsterkatzen, Zebras, Kudus, Buschböcke und weitere Antilopenarten, Pillendreher-Käfer. Besonderheit: *reichlich Elefanten*
Attraktionen Addo ist Südafrikas Park mit Elefanten-Garantie: Rund 300 sind es zurzeit. Auf dem sechs Kilometer langen Speckbaum-Trail können Sie das dichte Buschland zu Fuß erkunden, nachts gibt es Touren, auf denen die lichtscheuen kleineren Tiere gezeigt werden. Addo wird in Kürze bis zur Küste erweitert: Dann gibt es hier auch Wale zu sehen
Übernachtungen Cottages im Park; im Umkreis von 20 km gibt es etliche gute B & B-Pensionen

AUGRABIES FALLS NATIONAL PARK

Northern Cape Province
Größe 100 km^2 **D 4**
Anfahrt 780 km sowohl von Kapstadt wie auch Johannesburg entfernt. Von Upington N 14 über Keimos bis Kakamas, hinter Kakamas rechts, weitere 28 km bis zum Eingang (120 km)
Im Park Keine geteerten Straßen, aber kein 4W-Drive notwendig
Landschaft Trockene, karge Dornsavanne mit Köcherbäumen, Kameldorn und beeindruckenden Felsformationen
Tiere Leoparden, Giraffen, Elen- u. Oryxantilopen, Springböcke, Klippspringer, über 180 Vogelarten. Einzigartig: *Spitzmaulnashörner*
Tipps „Platz des großen Lärms" nannten die Nama jene Schlucht, in die der Oranje-Fluss in mehreren Katarakten bis zu 75 m in die Tiefe stürzt: ein faszinierendes Schauspiel inmitten der kargen Halbwüste. Im Süden des Parks lohnt sich die Rundfahrt (2-3 Std.) durch die Mondlandschaft mit ihren flachen Kuppelfelsen, dabei kommen Sie immer wieder an die Schlucht heran. Im Nordteil können Sie mit dem Schlauchboot auf dem Oranje-Fluss fahren oder im offenen Jeep auf Nashornpirsch gehen. Neben einigen kürzeren Wanderwegen in der Nähe des Camps gibt es eine organisierte Drei-Tages-Wanderung („Klipspringer Hiking Trail") entlang des Flusses (rechtzeitig buchen)
Übernachtung Chalets, Cottages und Camping im Camp

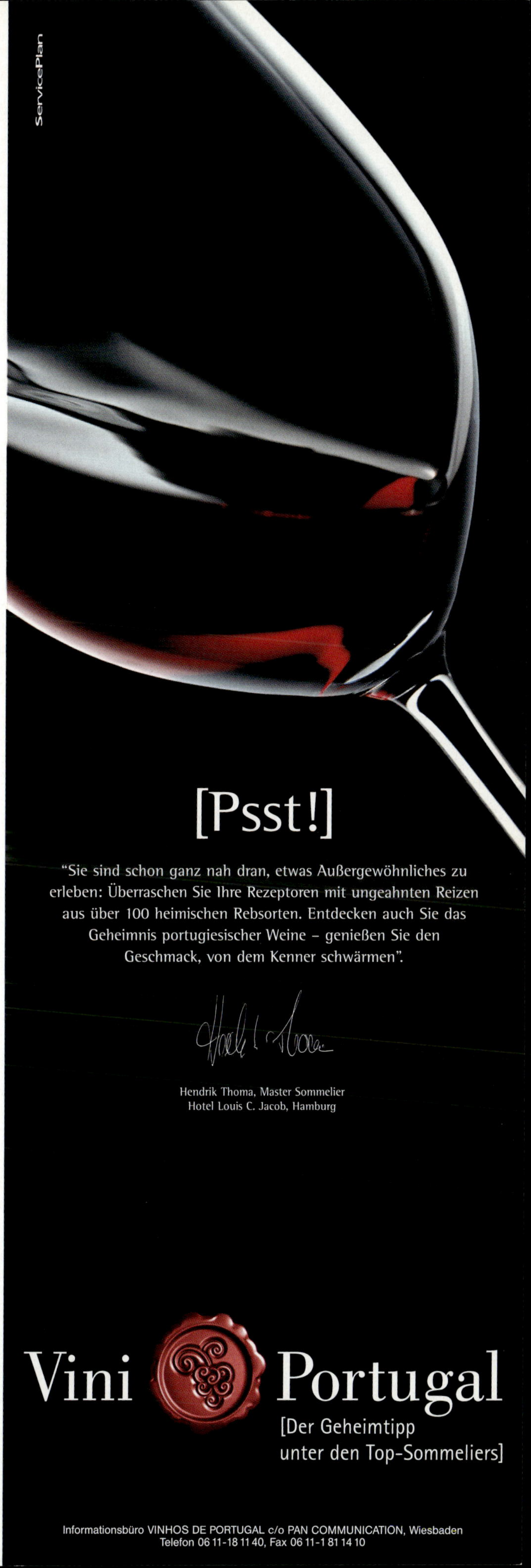

The Waves
Victoria Bay gilt als Geheimtipp: ein beschaulicher Badeort mit viel Strand und unverbauter Küste, im Ozean tummeln sich um Weihnachten herum Wale. Die Pension macht ihrem maritimen Namen alle Ehre; ein Holzsteg vor dem Haus führt direkt zum Wasser, auf der Frühstücksveranda können Sie das Meer riechen, den Wellen lauschen **7 Beach Rd., Victoria Bay near George, Tel. u. Fax (044) 889 01 66, E-Mail: thewaves@intekom.co.za, DZ ab 190 R**

Elegante Ferienorte und Strände, Berge, Wälder, Meer – das ist die Garden Route, eine Küstenlandschaft, zwischen Mossel Bay und Tsitsikamma Forest gelegen, die als Côte d'Azur Afrikas gilt. Mit vielen feinen Bed & Breakfast-Pensionen

Zimmer mit Frühstück im Garten Eden

Text: Ulla Ackermann, Fotos: Arthur F. Selbach

Champagnerwetter nennen es die Südafrikaner: Über der Landschaft zwischen Mossel Bay und dem Tsitsikamma Forest breiten sich Abermillionen Blubberbläschen aus Kondenswasser aus. Getragen vom sanften Wind des Indischen Ozeans bis hinein in die dunklen Winkel der uralten Regenwälder und entlang der endlosen Strände und in die Lagunen. Im Indischen Ozean tummeln sich in Sichtweite Wale – gleich ganze Familien –, und wer lauscht, kann ihren Gesang hören. Der Klang der melodischen Rufe bricht sich im Geäst der kirchturmhohen Stink- und Yellowwood-Bäume des Tsitsikamma Forest, verliert sich mit der Brise vom Ozean in den meterhohen Farnen. Wind verweht die Moose, die wie Bärte alter Männer von den Ästen herabhängen, und wispert so geheimnisvoll durch das dichte Unterholz, dass der Wanderer die Hobbits des „Herrn der Ringe" noch immer hier wähnt.

Eine verwunschene, verzauberte Urwaldatmosphäre, die den in Südafrika geborenen Schriftsteller John Tolkien zu seinem Werk inspirierte und in seiner Bilder- und Mythen-Landschaft das Wandern zur Sucht werden ließ. Berührt von der kraftvollen Natur, die Pflanzen zu Riesengewächsen mutieren und exotische Vogelarten in großen Familien leben lässt, dehnt der Spaziergänger seine Wege immer mehr aus. Immer weiter, zwischen Schluchten hindurch und über weite Hochplateaus, zu einsamen Stränden und vorbei an den Rundhüttensiedlungen der Xhosa. Hin und wieder wird er sogar einen Fluss überqueren, eine Bucht durchschwimmen. Vielleicht einem Elefanten begegnen, vielleicht auch zweien.

Es ist die Klarheit der Luft, die jenen Enthusiasmus verursacht, der den Reisenden hier umtreibt. Das Prickeln auf der Haut und die verwirrende Landschaft wecken Begehrlichkeiten: Man könnte schon zum Frühstück in Knysna Austern essen, einen Picknick-Ausflug in die Seenlandschaft von Wilderness unternehmen. Vielleicht von der fauchenden Dampflok gezogen, mit dem Outeniqua Choo-Tjoe Train direkt an der Küstenlinie entlangzuckeln: über die spektakuläre Kaaimans River Bridge hinweg fahren, über Felsen, durch Wälder vorbei an den Stränden und Seen – das Bahn-Abbild als flüchtige Reflektion auf der Oberfläche des Wassers hinterlassend.

Oak Tree Guest House

Das viktorianische Haus ist 100 Jahre alt, und auch innen lebt es sich angenehm inmitten englischer Antiquitäten. Der riesige Park lässt den Gast vergessen, dass er inmitten der Stadt George wohnt – nur wenige Schritte bis zu Shops und Restaurants; zum Strand braucht es 15 Minuten Fahrt **30 Caledon St., George, Tel. u. Fax (044) 874 59 31, E-Mail: oaktree@netactive.co.za, DZ ab 163 R**

Die exquisite Spielart des Outdoor-Living: Viele Golfplätze entlang der Garden Route liegen an Paradeplätzen der Natur. Das „Fancourt Golf Resort" bei George ist umgeben von dunklen Wäldern, grünen Weiden und der Outeniqua-Bergkette

Cottage Pie
Exklusives Gästehaus im Cape-Country-Stil, das im schöneren Teil von „Plett“ und nahe der Millionair's Row an der Robberg Beach liegt. Strandgänge sind ein besonderer Genuss mit dem vom „Cottage Pie“ zubereiteten Picknickkorb **Tarbet Ness Av., off Beach Head Drive, Plettenberg Bay, Tel./Fax (044) 533 03 69, E-Mail: cotpie@mweb.co.za, Website: www.cottagepie.co.za, DZ ab 150 R**

Knysna, das St-Tropez der Garden Route: Vom Hafen aus lässt es sich wunderbar durch die vorgelagerte Lagunenlandschaft segeln

Links und rechts öffnen sich Strelizien, Callas, Lilien zu voller Pracht, verwandeln sich die sanft gewellten Wiesen und Obstplantagen in farbenprächtige Patchworkdecken. Darum also der Name „Garden Route".

Am Ende des 17. Jahrhunderts zogen weiße Siedler auf ihrem Treck von Kapstadt aus ostwärts, immer an der Küste entlang, mit der Kulisse der majestätischen Outeniqua Mountains und der Langkloo-Berge zur Linken. *Fynbos* und tiefe Wälder bedeckten die Felsen über dem Meer. Nachdem sie Kap Agulhas passiert hatten, öffnete sich die Landschaft zu den Bergen hin in weites fruchtbares Land. Während einige Siedler weiterzogen, bis in die Karoo oder an den Rand der Drakensberge, ließen andere sich dort nieder. Errichteten ihre Häuser wie zu Hause in Holland und begannen, wie zu Hause, Obst und Gemüse anzubauen.

Schnell expandierte die Gegend zum Zentrum für Früchte, Säfte und Gemüse. Handelsverkehr setzte ein, Ochsengespanne zogen in langen Kolonnen nach Kapstadt. Da es an der Küste wegen der unwegsamen Felsformationen und der vielen Sandstrände kein Vorwärtskommen gab, bahnte man sich einen Weg von Swellendam über Wilderness, kam nach Knysna und war, nachdem man den Keurbooms River und etliche andere Flüsse gekreuzt, den Bloukrantz-Pass überwunden und den Tsitsikamma durchwandert hatte, auf dem geraden Weg nach Port Elizabeth.

Die heutige N 2 verläuft in weiten Strecken entlang dieser alten Route. Und würde man die Gegend aus der Luft betrachten, sähe das Asphaltband wie mit Fransen verziert aus. Denn es gibt zahllose Abzweigungen, die alle am Meer münden: Sie schlängeln sich durch heidebewachsene Dünen und bewaldete Schluchten, verlaufen entlang Fluss- und Bachufern. Fliegenfischer stehen im knietiefen Wasser, ein paar Nebenstraßen führen zu Golfplätzen oder münden vor den Gartentoren perfekt platzierter Wohnhäuser – etwa direkt auf den Klippen oder versteckt in Strandwäldern aus Gummibäumen und Platanen.

Der Reisende ist zunächst erstaunt, dass viele dieser blendend weißen, in kapholländischer Architektur gebauten Residenzen Zimmer vermieten. Doch es gehört in diesem Land zum guten Ton, sein Haus als Bed & Break-

Hog Hollow Country Lodge
Gepflegter Landschaftsgenuss: Jedes der zwölf im Afrostil designten Cottages besitzt eine Terrasse, von der die Gäste auf das hauseigene Naturschutzgebiet, in die Berge der Tsitsikamma, die umliegenden Täler blicken können. Der Strand ist schnell erreichbar. Feine Küche!
The Crags, near Plettenberg Bay, Tel. u. Fax (044) 534 88 79, E-Mail: hoghollow@global.co.za, Website: www.hoghollow.co.za, DZ ab 308 R

Himmlisches Theater am Strand von Nature's Valley: Der Nationalpark an der Mündung des Groot River hat 20 Kilometer Küste. Hier endet der Otter Trail, beginnt der Tsitsikamma Forest Trail

fast-Pension zu öffnen. Die ist für die Gastgeber eine gute, zusätzliche Einkommensquelle. Für den Gast aber ist es die schönste Art, das Land kennen zu lernen: ein Bett mit Familienanschluss.

Es wird ihm hier an nichts fehlen. Weder an Tipps und Ratschlägen für den weiteren Verlauf der Reise noch an kundigen Gesprächspartnern. Und manch südafrikanischer Gastgeber wird bei der Suche nach einem Golfpartner mit Vergnügen mitspielen, zum gemeinsamen Ausritt sein Pferd satteln, während die Dame des Hauses traditionell kocht.

Das aber gewaltig. Denn der Frühstücksmaßstab im Stil südafrikanischer B & B-Mentalität lässt alle internationalen Vergleiche mickrig erscheinen. Unter Porridge und Cornflakes, Müslis, Pfannkuchen, Obst, selbst gebackenem Brot, Fleisch, hausgemachtem Käse, Eiern, *boerewors* (traditionelle Wurst), Joghurts, Kuchen und Eiscremes biegen sich die Beistelltischchen. Bei so viel Opulenz fällt es dann schwer, weiterzuziehen.

Ulla Ackermann *ist afrikasüchtig: Mit einem Unimog fuhr sie durch den ganzen Kontinent.* **Arthur F. Selbach** *fotografiert für internationale Magazine.*

Sonnengeschützte Logenplätze: Falcons View ziert wie viele Häuser Südafrikas eine umlaufende Veranda

MERIAN TIPP GARDEN ROUTE

BED & BREAKFAST

Beste Informationen zu allen B & B Adressen bieten die Broschüren von „Portfolio". Mithilfe der Web-Seiten können Sie bereits zu Hause eine Auswahl treffen

THE PORTFOLIO BED & BREAKFAST COLLECTION
Cape Town Publishing Office, P.O.Box 132, Newlands, Cape Town 7725, Tel. (021) 686 54 00, Fax 686 53 10, E-Mail: poplaces@iafrica.com, Website: www.portfoliocollection.co.za

❶ FALCONS VIEW MANOR
Up Hill Gray Street, Knysna, Tel. (044) 382 67 67 und Fax 382 64 30, E-Mail: falcons@pixie.co.za, DZ ab 294 R Die viktorianische Villa hoch über der Lagunenlandschaft von Knysna ist auch innen „Sweet England": Candlelightdinner, Kamin und viel Sesselgemütlichkeit. Afrika liegt gleich nebenan mit seinen Stränden, Golfplätzen und Naturschutzparks

❷ FOUR FIELDS FARM
Four Fields Farm, Route 102, The Crags (nahe Nature's Valley), Tel./Fax (044) 534 87 08, E-Mail: fourfields@imaginet.co.za DZ ab 150 R Farm am Rande des Tsitsikamma Forest, der Strand ist nahebei. Die wunderbare Gastfreundschaft der Youngs hat das Haus zu einer Top-Adresse der B & Bs gemacht. Weitere Vorteile: Die hauseigene Küche ist hervorragend, und die Landschaft kann per Pferd erkundet werden

❶ LEISURE ISLE LODGE
87 Bayswater Drive, Leisure Isle, Knysna, Tel. (044) 384 04 62, Fax 384 10 27, E-Mail: lilodge@mweb.co.za, Website: www.lodgemaster.co.za, DZ ab 220 R Eines der schönsten B & Bs Südafrikas: Der Blick über die Lagunenlandschaft von Knysna ist berauschend. Nach dem opulenten Frühstück muss man einfach schwimmen, baden, Mountainbike fahren

❶ NARNIA FARM GUEST HOUSE
Welbedacht Lane, nahe Knysna 6570, Telefon (044) 382 13 34 und Fax 382 28 81, E-Mail: narnia@pixie.co.za, Website: www.narnia.co.za, DZ ab 165 R Filmbilder von afrikanischer Kolonialherrlichkeit tun sich beim Betreten des Hauses auf. Auf dem 100 ha großen Farmgelände blühen 12 000 Proteen, im Hintergrund ragen die Knysna Heads aus der Bucht, und die Outeniqua-Berge bilden einen Rahmen für die Kulisse

❸ SOUTHERN CROSS BEACH HOUSE
2 Capricorn Lane, Solar Beach, Plettenberg Bay, Telefon/Fax (044) 533 38 68, E-Mail: beach@global.co.za, Website: www.southerncrossbeach.co.za, DZ ab 195 R Mehrstöckiges weißes Haus im Kolonialstil mit einer großen, umlaufenden Terrasse: Von hier aus können Sie das ganze Jahr über in der Bucht Delfine beobachten, im Frühjahr auch Wale. Pool, Golf, Tennis, Reiten. Bis zur Robberg Beach sind es 5 km

❹ THE ARMAGH
Fynbos Avenue, Stormsriver 6308, Telefon (042) 541 15 12, Fax 541 15 10, E-Mail: stay@thearmagh.com, Website: www.thearmagh.com, DZ ab 155 R Gemütliches Haus, versteckt im Tsitsikamma Forest vor der Kulisse der Tsitsikamma-Berge. Der Urwald ist ein Dorado für Wanderer, Bergsteiger, Vogelkundler, im hauseigenen „Rafters Restaurant" gibt es Landesküche, das schicke Plettenberg Bay ist nahe: ideal für alle Trendarten des Wassersports

AKTIVITÄTEN

WANDERN

Es gibt nur wenige ausgewiesene Wanderwege in Südafrika. Da die Anzahl von Besuchern pro Strecke in der Regel begrenzt ist, sollten Sie sich frühzeitig informieren

NATIONAL HIKING WAY BOARD
Hiking Federation of South Africa, Johannesburg, Telefon (011) 886 65 24

❺ CAPE ST. FRANCIS HIKING TRAIL
Ein neu eingerichteter Weg, der vornehmlich über Privatland führt: auf die weitgehend unbekannte Garden Route und fernab von den heftig frequentierten Pfaden

❻ OTTER TRAIL
Fünf Tage Extrem-Hiking auf 41 km durch den Tsitsikamma Forest und Umgebung – durch Schluchten, Buchten und Flüsse. Die längste Tour ist 14 km lang, zwischendurch bleibt genug Zeit zum Schnorcheln und Schwimmen in den Naturpools. Achtung: gute Kondition erforderlich und unbedingt vorher buchen!

❼ THE KHOISAN HERITAGE ROUTE
Spannende Tour in den Bergen oberhalb der Garden Route zu den Siedlungsgebieten der Khoisan, die hier vor 125 000 Jahren gelebt haben. Highlights sind die Cape St. Blaize Cave oberhalb von Mossel Bay, der imposante Blick aus der Höhle an der Mündung des Storms River und das Khoisan-Dorf in Bloukrantz.
Info: **www.africandream.org**

❻ TSITSIKAMMA TRAIL
Fünf-Tages-Tour. Der Weg verläuft parallel zum Otter Trail, ist aber nicht ganz so spektakulär und deshalb nicht so ausgebucht

HISTORISCHE BAHNFAHRT

OUTENIQUA CHOO-TJOE TRAIN
Knysna, Telefon (04 45) 213 61, George, Tel. (04 41) 73 82 02

ANGELN, FISCHEN, HOCHSEEFISCHEN, FLYFISCHEN

Department of Nature Conservation, Cape Town 8000, Telefon (021) 45 02 27

SATOUR
Sammeln Sie unvergeßliche Eindrücke in Südafrika.
In einem Südafrikaurlaub erwarten Sie beeindruckende Naturschauspiele: wilde Tiere in einzigartigen National-parks, die faszinierende Landschaft entlang der Gartenroute, und, und, und. Mehr darüber in allen TUI Reisebüros. Oder unter www.TUI.de. Sie haben es sich verdient!
TUI
Schöne Ferien!
TUI GROUP

Fotos: Henner Frankenfeld

Die Metropole ist auf dem Kontinent angekommen. Auch wenn die Kriminalitätsrate so hoch ist wie die Bürohäuser von Downtown und die Straßen nachts gefährlich sind – bei Tage zeigt die Kapitale, was sie in Wahrheit ist: ein afrikanisches Manhattan, lebendig und geldgierig wie sein amerikanisches Vorbild

Johannesburg, Afrikas Boomtown

Text: Roman Goergen

Einst war es eine weiße Stadt: Johannesburg, Symbol der Apartheid. „Gime hope, Joanna" sang in den Achtzigern Reggae-Star Eddy Grant über die Zehn-Millionen-Metropole, die Manager des Edelmetallmultis Anglo American dagegen liebten das Wort *egoli*, den alten Stammesbegriff für „Platz des Goldes". Heute hat Johannesburg immer noch unzählige Namen, wird zärtlich *Jozi* genannt oder in Anspielung auf das Autokennzeichen „GP" (Gauteng Province) als „Gangster's Paradise" verflucht – eine ewig geliebte, ewig gehasste Stadt. Die Hauptstadt Südafrikas hat die höchste Mordrate der Welt und die nobelsten Vororte Afrikas, ihr Kern ist afrikanisch, der reiche Speckgürtel verschanzt sich in weißer Isolation: afrikanische Widersprüche.

Den Central Business District, aus dem früher die Schwarzen um 18 Uhr von schrillen Sirenen in ihre Townships zurückgetrieben wurden, haben die weißen Manager längst aufgegeben. „Da draußen ist der Dschungel", sagen sie heute und bauten sich im noblen Norden ihr neues Geschäftszentrum. Der Dschungel hat sich seitdem den Wurzeln eines Urwaldriesen gleich ins Manhattan Afrikas gefressen; im Treiben der bunten Märkte wirken die gewaltigen Ex-Hauptquartiere südafrikanischer Firmen deplatziert. Doch der Dschungel birst vor Leben. Im Zentrum der Kapitale Südafrikas liegt Westafrika wenige Straßenzüge von Ostafrika entfernt, mischt sich das Französisch der Tuchhändler aus Kamerun mit dem Portugiesisch der mosambikanischen Fischverkäuferinnen: afrikanische Vielfalt.

Die Troyestreet ist Mosambik, dreimal am Tag stoppt der Bus aus Maputo und bringt die Farben und Gerüche des Indischen Ozeans nach Johannesburg: knallgelbe Zitronen, waldgrüne Avocados, Gewürze in den warmen Farben des Meeres. Beatriz breitet auf einem Holzstand ihren Trockenfisch aus. Die Mosambikanerin steigt jeden Montag in der Hauptstadt Maputo in den Zug, reist mit ihren Säcken sieben Stunden lang nach Johannesburg. „Seit dem großen Regen muss ich noch mehr verkaufen", sagt die 24-Jährige mit afrikanischem Gleichmut. Afrikanische Familien sind groß, und alle müssen ernährt werden: „Kinder, Großmutter, Brüder, Schwestern." Beatriz macht eine ausholende Geste. „Johannesburg ist gut", sagt sie, und ihre dunklen Augen leuchten: „Ich liebe die Stadt." Für Beatriz bedeutet der von Managern gehasste Stadtkern Geld zum Überleben; seine Bars und Nachtklubs bringen Abwechslung von der Tristesse ihres armen Heimatlandes. Die erkauft sie mit täglich zehn Stunden Fischverkauf. Zehn Stunden endlosen Wartens.

Ein Kunde kommt, prüft den Fisch. Beatriz richtet sich auf, lächelt, nennt die Preise. Der Kunde geht weiter, und die junge Frau fällt wieder in jene für Europäer so fremdartige Lethargie zurück – ihre Bewegungen erstarren, ihre Gesichtszüge frieren ein. Geduld ist die afrikanischste aller Tugenden, kultiviert von Menschen auf einem

„Natürlich verstehe ich Schwarze, schließlich hatte ich mein Leben lang ein schwarzes Hausmädchen", steht auf einem Werbeplakat in Downtown. Seit kurzem betrachtet das schwarze Johannesburg seine weiße Vergangenheit mit Ironie

Kontinent, in dem die Zeit langsamer fließt. Sie ist das Gegenteil zu jener westlichen Hektik, die im Central Business District früher geherrscht hat: afrikanischer Wandel.

Über Beatriz' Kopf schlagen die Wellen eines Ozeans der Geräusche zusammen. Lärm, denkt der Europäer. Leben, sagt der Afrikaner. An der Ecke zur Kerkstreet lässt *Kwaito*, der neue schwarze Ethno-Pop, die Menschen hüpfen; ein Lautsprecher, der aus Hoch- und Tieftönern besteht, springt im Takt von einer Seite des schäbigen Holztisches zur anderen. Verbunden ist die recycelbare Box mit einem verrosteten Autoradio: afrikanische Improvisation.

Der Kwaito regiert nur zwei Häuser weit, dann übernimmt Petrus, Marktschreier beim „American Clothes Store". „Qualitätshosen, bügelfreie Hemden im Ausverkauf", dröhnt es blechern aus einem Lautsprecher. Ob der Lärm nötig sei? „Aber ja doch", bekräftigt Petrus mit weit aufgerissenen Augen, von der Wichtigkeit seiner Aufgabe überzeugt. Denn auf der anderen Straßenseite marschiert sein indischer Konkurrent mit einem Ex-Polizei-Megaphon den Bürgersteig auf und ab. Afrikanischer Geschäftssinn, afrikanische Kakophonie.

Manchmal mischt sich der hässliche Knall eines Schusses in dieses Meer aus Klängen. Gewalt und Kriminalität, der Nährboden weißer Angst, sind hier Realität, die Geschäftsfenster tragen Gitter, haben kugelsicheres Glas. Armut erzeugt Verbrechen.

Die jugendlichen Kriminellen wohnen in heruntergekommenen Häusern wie dem „Miltherd Court", für die Weißen eine Wiege des Bösen. Vor dem Eingang lungern finster dreinblickende Gestalten, drinnen stapelt sich Müll in dunklen Korridoren. Ein Baby schreit, ein Mann brüllt. „Ja, es ist hier nicht immer sicher", sagt Fisho, ein Bewohner des „Miltherd Court" und grinst: „Aber warum sollte ich mir von der Angst die Lebensfreude nehmen lassen?" Das ist kein Argument für weiße Südafrikaner, aber denen fehlt auch der lebenslängliche Umgang mit Gewalt. Wer die früh erfahren musste in den Townships, in den Bürgerkriegen Zentralafrikas, kann damit umgehen: afrikanische Lebensweisheit.

So flohen die Weißen vor dem Dschungel der Innenstadt in die Vororte Sandton, Randburg, Midrand, immer getrieben von der Angst, dass ein Ausharren tödliche Folgen haben könnte. Die weiße Paranoia ist eine Krankheit, die alle Verbrechen unter dem Vergrößerungsglas der eigenen Ängste betrachten lässt, eine Krankheit, die bisweilen psychosomatischer Natur ist. Manchmal aber auch nur ein flüchtiges Virus, vor dem sich die Weißen mit Wachdiensten und Elektrozäunen in den Quarantänestationen ihrer Vororte zu schützen suchen.

Einer, der diese Landflucht nicht mitgemacht hat, ist Norman Arangies. Der Medizinprofessor von der Universität Johannesburg harrt in der Innenstadt aus. Doch auch er verriegelt jeden Abend das Sicherheitsschloss

Im „Jabolanis“, der Bar des „Rosebank Hyatt“ im Norden von Johannesburg. Nach Rosebank flüchtete das Geld, als die Schwarzen die Metropole übernahmen. Heute ist Rosebank in der Hand von Spitzenverdienern sämtlicher Hautfarben. Die Bar ist ihr Treffpunkt

an seiner Wohnungstür im Joubert Park: ein weißes Fossil inmitten von Afrika, eingesperrt hinter Gittern und bewacht vom Gefängniswärter, dessen Name Angst ist. Der 53-Jährige hat alles miterlebt – als Junge die Verabschiedung der Apartheidgesetze, als junger Mann den Freiheitskampf des ANC, als Erwachsener den Zerfall des Systems und schließlich den Machtwechsel. Über 22 Jahre hat er diese Veränderungen in seinem Viertel verfolgt, die guten wie die schlechten. „Früher war das hier eine exklusive Wohngegend, gleich neben dem hippen Einkaufsviertel Hillbrow, da konnte ich nachts von der Disco nach Hause gehen. Das ist jetzt vorbei“, sagt er und blickt wehmütig aus seinem Fenster hinüber zu „Ponte City“, Johannesburgs Symbol für den Verfall.

Der rund 160 Meter hohe Wolkenkratzer mit seinen 54 Stockwerken ist das höchste Gebäude der Stadt und zugleich ein Mikrokosmos seiner Geschichte: In den Siebzigern wurde der Turm als Luxus-Apartmenthaus mit Fitnessclubs erbaut, mutierte nach der Wende zu einem Hort der Wirtschaftsflüchtlinge und Kriminellen, aus den Fitnessclubs wurden Bordelle und Crackküchen. 1998 diskutierte man schließlich darüber, „Ponte City“ in ein innerstädtisches Gefängnis zu verwandeln. Afrikanische Endzeitvision?

Dennoch wird Norman nicht wegziehen aus der Nachbarschaft von „Ponte City“. Er hasst die Kriminalität, doch er liebt Südafrika und seine Landsleute. Besonders jene aus „Jozi“, die Verschrobenen und Fortschrittlichen, die Muffigen und die Offenen, die Liebenswürdigen und die Kratzbürstigen. Johannesburger sind alles zugleich, ein Paradoxon genau wie die Stadt. Deswegen würde Norman auch überall anders auf der Welt nicht glücklich werden.

Von den Märkten der Innenstadt sind es nur wenige Kilometer nach Rosebank; die gewaltige Leuchtreklame auf dem Dach von „Ponte City“ strahlt selbst noch über dem feinen Stadtteil im grünen Norden. In Rosebank bewegen sich die Menschen schnell, haben stets ein Ziel, ein Date, also keine Zeit. Der Unterschied zwischen den Märkten der Innenstadt und den blitzenden Shopping Malls von Rosebank ist wie jener Moment in der TV-Übertragung eines Fußballspiels, wenn von der Zeitlupe zurück ins laufende Spiel übergeblendet wird. Doch das schnelle Spiel um Sieg und Niederlage kennt keine Rasse im neuen Südafrika, Geld keine Farbe. In den Firmenzentralen von Rosebank haben sich die erfolgreichen schwarzen Geschäftsleute dem westlichen Zeitverständnis unterworfen, hetzen von Termin zu Termin, das Handy immer am Ohr. *Buppies* nennt man sie, das Kürzel für *black yuppies*. Es ist die neue Elite des neuen Südafrika. Die Personalisierung des afrikanischen Erfolgs.

Es sind die Töchter und Söhne jener Hausangestellten und Landarbeiter, die im alten Südafrika keine Chance hatten. Deren Mütter sparten jeden Cent, den sie von ihrer Landlady be-

Die Troyestreet in Downtown Johannesburg, einst Lebensader des weißen Geschäftsviertels, nahmen Händler aus Mosambik in Besitz. Dreimal am Tag bringt der Bus aus Maputo die Gerüche, Farben und die Stimmung des Indischen Ozeans in die Stadt. Momente, in die sich Besucher leicht verlieben können

kamen, um die Kinder auf eine Wirtschaftsschule schicken zu können. Die *buppies* wissen von ihrem historischen Glück, tragen stolz dessen Insignien: den anthrazitfarbenen Armani-Anzug, die goldene Rolex, in der Hand ein Glas „Johnny Walker Blue Label".

Livhu Ramabulawa ist ein typischer *buppy*. Jeden Freitag sitzt er im „Jabolanis", der Hotelbar des „Rosebank Hyatt". Tagsüber jongliert der Anwalt als Investmentprüfer mit den Millionen seiner Klienten, abends hantiert er souverän mit teuren Drinks. „Lebensstil ist mir wichtig," sagt Livhu lässig. Da kommt ihm der Manager-Treff „Jabolanis" gerade recht – edle Holzvertäfelung, eine chromblitzende Bar, alte Rotweine in Regalen, teure Zigarren in Glaskästen – das macht Eindruck auf seine Geschäftspartner. Die neuen *buppies* des neuen Südafrika haben die Regeln des Spiels schnell begriffen.

Für solchen Luxus arbeitet Livhu hart. Überstunden, Meetings, noch mehr Überstunden – der Ehrgeiz ist eine Endlosschleife. „Ich liebe Johannesburg, hier ist das Zentrum der neuen schwarzen Elite. Geld verdienen macht einfach Spaß. Und was ist so schlecht daran, reich zu sein?", fragt er und atmet den teuren Rauch seiner Havanna-Zigarre aus. Das Bild vom Afrikaner, der unter dem Affenbrotbaum die Mittagshitze verdöst, gibt es nicht mehr im hektischen Menschenstrom der afrikanischen Wirtschaftsmetropole.

So wie Afrika das Zentrum Johannesburgs dem westlichen Geschäftsdenken entrissen hat, so haben umgekehrt bei Livhu Geschäftssinn, Cleverness und auch ständige Hektik seine afrikanische Mentalität verdrängt. Traditionen spielen für ihn keine Rolle mehr, am liebsten erzählt er von seinen amerikanischen Auftraggebern, seinem Apartment in Sandton, von Klimaanlage, Panoramafenster, den vielen weißen Nachbarn, „die mich früher nicht mal angeschaut hätten". Früher, das war seine Kindheit im Township Alexandra, das harte Büffeln in der Schule, an der Universität und das Glück, zum Zeitpunkt der politischen Wende ein glänzendes Examen gemacht zu haben. Von da an rollte die ANC-Regierung Livhu und seiner Wirtschaftsausbildung den roten Teppich aus, mit Menschen wie Livhu wollen Mandela und Mbeki eine neue Elite schaffen. Seine afrikanische Kindheit, seine Jugend im Township hat er perfekt verdrängt; auf der Überholspur des Lebens von Alexandra nach Sandton konnte der junge Mann nur gewinnen.

Also kann Livhu abends im „Jabolanis" noch ein Glas Whisky ordern. Derweil packt Beatriz in der Troyestreet ihren Fisch zusammen, verriegelt Norman die Sicherheitsschlösser an seiner Tür in Joubert Park.

Roman Goergen *arbeitete als Redakteur in Namibia. Seit Anfang 2000 lebt er als freier Journalist in Südafrika.* **Henner Frankenfeld** *lebt seit sieben Jahren als Fotograf in Johannesburg – für ihn die spannendste Stadt der Welt.*

Die Innenstadt ist die Endstation Sehnsucht für die Landbevölkerung ganz Afrikas. Auch wenn Gebäude wie das der Diamantenhändler De Beers (links) großenteils leer stehen und schwarze Prosperität in Downtown noch auf sich warten lässt

Vorwahl Johannesburg: 011

ÜBER NACHT:

❶ A ROOM WITH A VIEW
1 Tolip Street Ecke 4th Ave., Melville, Tel. 482 54 35, DZ ab 200 R Wunderschöne kleine Villa, toskanischer Baustil, in der Nähe der Kneipenszene von Melville

❷ COURT YARD HOTELS
Sandton, Rosebank und Bruma, Tel. 884 55 00 (Sandton), 880 29 89 (Rosebank), 622 84 36 (Bruma), Sandton und Rosebank: DZ ab 248 R Drei elegante Hotelanlagen mit Studios und Suiten zu erschwinglichen Preisen

❸ HYATT HOTEL ROSEBANK
191 Oxford Road, Rosebank, Tel. 280 12 34, DZ ab 1090 R Erstklassig ausgestattetes Nobelhotel. Die Bar „Jabolanis" ist Treff der hippen Geschäftswelt

❹ HAKUNA MATATA
Plot 171, Rockey Ridge Rd., Muldersdrift, Telefon 794 26 30, DZ ab 345 R Schönes Anwesen am Rande von Joburg mit Teich und subtropischer Pflanzenwelt. Die Anlage besteht aus 2 Cottages

❺ THE WESTCLIFF
67 Jan Smuts Ave., Westcliff, Tel. 646 24 00, DZ ab 1420 R Gebäudeensemble im italienischen Stil, das sich an die Hänge schmiegt und die Illusion von Joburg im Grünen bietet. Gute Verkehrslage, Sonnenterrasse, Pool

RESTAURANTS

Restaurants, Cafés, Bars haben offizielle Öffnungszeiten, doch auch in Johannesburg gilt „afrikanische Zeit" – der Koch schaltet den Herd ab, wenn keine Bestellungen mehr kommen, die Tür wird zugesperrt, wenn die Bar leer, das Personal müde ist.

❸ IYAVAYA
169 Oxford Rd., Rosebank, Tel. 327 13 12, tgl. 12-14, 18-23 Uhr Landesweit renommiertes Restaurant für traditionelle afrikanische Spezialitäten. Hier speist die Prominenz Krokodil-Rippen, Mopane-Wurm, Straußen-Filet. Weniger Experimentierfreudige bevorzugen die Currys

❻ MOYO
80 Grant Ave., Norwood, Telefon 483 12 46, tgl. 12-15, 18-23 Uhr (Küche), die Musik endet ca 2 Uhr Nordafrikanische, speziell marokkanische Küche mischt sich mit Spezialitäten des südlichen Afrika. Live-Musik und World-Music-DJs

CAFÉS UND BARS

❶ BAMBOO
53 Rustenburg Rd., Ecke Ninth St., Melville, Tel. 726 17 01; Mo-Fr 7.30-18, Sa 8-17, So 8.30-15.30 Uhr Durchgestyltes Café und Restaurant, ideal für den nachmittäglichen Kaffeeschnack. Besonderheit: „The Wine Room" mit exquisiter Auswahl südafrikanischer Weine. Testen erlaubt!

❼ MUGG AND BEAN
Shop 6, Killarney Mall, Killarney, Tel. 646 66 47, Mo-Fr 8-23 Uhr; Sa, So nur morgens Café-Kette, die hier alle lieben. Es gibt sie in fast jeder Shopping Mall, die Filiale in Killarney ist die größte: hausgemachter Kuchen, riesige Muffins und Kaffee, der nachgeschenkt wird

❶ RATZ
9 b Seventh St., Ecke Third Ave., Melville, Tel. 726 2019, tgl. 17-1 Uhr Institution für die Party-People in Melville, die hier bis in den frühen Morgen feiern. Gute Cocktails, z.B. „White Russian". Mexikanische Küche; Do, Sa, So Livemusik

THEATER

❽ ALHAMBRA THEATRE
109 Sivewright Ave., Doornfontein, Tel. 402 61 74 Musicals, Stand-up-Comedy und klassische Stücke. Berühmt für seine flott inszenierten Komödien

❾ MARKET THEATRE
Cultural Precinct, Bree St., Newtown, Tel. 832 16 41 Das wichtigste Theater des Landes: von innovativen Stücken bis zu epischen Dramen

❿ WITS THEATRE
Jorissen St., Braamfontein, Tel. 716 40 51 Plattform für aufstrebende südafrikanische Theater-Talente, aber auch Spielwiese für etablierte Künstler

MUSEEN UND GALERIEN

❾ AFRICAN HERBALIST MUSEUM
Diagonal St., Newtown, Telefon 420 28 62: Mo-Sa 8-17 Uhr Ausstellungsort der *sangomas*, der traditionellen Heiler, und ihrer Kräuter, Knochen und Tierhäute, mit denen sie ihre Stammesmedizin praktizieren

⓫ JOHANNESBURG ART GALLERY
Klein St., Joubert Park, Telefon 725 31 30, Di-So 10-17 Uhr Renommierte Galerie, die internationale wie südafrikanische Künstler zeigt. Von holländischen Meistern des 17. Jahrhunderts bis zu zeitgenössischer Township-Kunst

❿ JOHANNESBURG CIVIC GALLERY
Loveday St., Braamfontein, Tel. 403 34 08, geöffnet je nach Ausstellung Provokative Shows mit moderner Installationskunst

❾ MUSEUM AFRICA
121 Bree Street, Newtown, Tel. 833 56 24, Di-So 9-17 Uhr Modernes Museum im ehemaligen Frucht- u. Gemüsemarkt: Spektrum des sozialen, politischen, ökonomischen Lebens

⓬ SANDTON CIVIC GALLERY
Sandton Square, Sandton, Tel. 881 64 32, Mo-Fr 7.30-16, Sa 10 bis 15 Uhr Unter dem Schirm, ihrem Symbol, vereint die Galerie Künstler verschiedenster Stilrichtungen

SEHENSWERT

⓭ GOLD REEF CITY
An der Stadtautobahn M1, 10 km südwestl. der Stadt, Di-So 9-17 Uhr Johannesburgs Geschichte im Disney-Stil: Nachbau einer viktorianischen Goldgräberstadt auf dem Gelände der alten Crown Mines. Attraktion: Gießen von Goldbarren in 200 m Tiefe. Kitschig, aber ein Spaß für Kids

⓮ STERKFONTEIN CAVES
40 km westl. von Johannesburg, R24 oder R47, Di-So, 9-16 Uhr. Tel. 956 63 42 1999 wurden die Höhlen zum Weltkulturerbe erklärt: In den letzten Jahrzehnten entdeckte man hier hunderte menschliche Fossilien, seit 1998 wird der grösste Fund freigelegt – das erste, komplett erhaltene Skelett eines 3,2 Mill. Jahre alten Affenmenschen

NIGHTLIFE

❶ BASSLINE
Seventh St., Ecke Second Ave., Melville. Tel. 482 69 15, Bar ab 19, Bands ab 22 Uhr, Eintritt je nach Band Kleiner gemütlicher Club mit Livemusik, der jeden Geschmack bedient. Must für Jazz-Fans, außerdem Rock, Ska, Pop

❾ KIPPIES JAZZ INTERNATIONAL
Market Theatre, Bree St., Newtown. Tel. 833 33 16, Mi, Do 18-23, Fr, Sa 21.30-1.30 Uhr, Eintritt je nach Band Früher einmal eine öffentliche Toilette, darum winzig, aber die südafrikanische Jazz-Institution, in der noch immer Jazz-Legenden auftreten. Unbedingt reservieren!

❾ REALITY
248 Jeppe St., Central, Tel. (083) 680 82 74, Fr 22.30-9 Uhr, Eintritt 30 R Riesiges, ehemaliges Fabrikgebäude mit drei Tanzflächen: Techno, House, Drumn-Bass, HipHop

❸ SANKAYI
173 Oxford Rd., Rosebank, Tel. 447 89 24, Mi-Sa ab 22 Uhr, Eintritt

Männer 80 R, Frauen 50 R Ausflug in die Welt der nouveaux riches: exklusive Drinks, *buppies* und die Botschafter Westafrikas

⑫ THE BLUES ROOM
Village Walk, Sandton, Telefon 784 55 27, Di - So ab 18 Uhr, Tischreservierungen inkl. Abendessen möglich, Eintritt bis zu 125 R Exquisiter Club für Live-Blues und Soul. Bei großen Namen der Blues-Szene reservieren!

⑮ 206
206 Louis Botha Ave., Orange Grove, Tel. 728 53 33, Di - So ab 20 Uhr, Eintritt je nach Band, DJ und Tag Guter Club mit abwechslungsreichem Programm. Werktags Livebands (meist Jazz und Rock), am Wochenende namhafte DJs, die House, Drum'n' Bass, Trip-Hop auflegen

EINKAUFEN

Nachdem das Zentrum der Stadt weitgehend von Straßenhändlern und Billigläden dominiert wird, gehen die Joburger fast nur noch *malling*. Die besten Malls: Sandton City Shopping Centre (Rivonia Road), die exklusive Hyde Park Mall (Jan Smuts Ave.) und Mall of Rosebank (Ecke Baker/Cradock St.), wo es auch afrikanische Kunst gibt

AFRIKANISCHE KUNST

Johannesburg ist eine bekannt gute Adresse für afrikanisches Handwerk und afrikanische Antiquitäten. Auch auf Flohmärkten können Sie fündig werden

⑯ ART AFRICA
62 Tyrone Ave., Parkview, Telefon 486 20 52 Gute Auswahl an alten und neuen Stücken. Ernst zunehmende Township-Kunst

⑨ MARKET AFRICA
Jeppe St., Newtown, neben dem Market Theatre, Sa 9 -16 Uhr Südafrikas größter Flohmarkt: alles von kongolesischen Masken bis zu Sotho-Decken. Musik, Tanz und Live Performances

③ RURAL CRAFT
Shop 42 E, Mutual Gardens, Rosebank, Telefon 788 58 21, Mo - Fr 8.30 -17, Sa 8.30 -14.30 Uhr Nonprofit Laden, in dem Südafrikas Kooperativen ihre handwerklichen Produkte anbieten – eine angenehme Alternative zu den kommerziellen Händlern

③ THE ZONE
zwischen Oxford Rd., Bolton Rd., Jan Smuts Ave., Rosebank Einkaufsgegend, in der die Hauptattraktion die Stände der afrikanischen Holzkunstverkäufer sind, die aus allen Ländern des Kontinents kommen. Gute Restaurants („Iyavaya"), teure Hotels und Kaufhäuser gleich nebenan

TOUREN

JOHANNESBURG

BERYL PORTER
Tel. 802 14 46 oder über Compu-Ticket, Tel. 444 16 39 Porter bietet ungewöhnliche persönliche Erkundungstouren zu Fuß an, die sich wohltuend von dem üblichen Programm unterscheiden: z. B. Joburg bei Nacht, Tour durch das Township von Alexandra, durch das alte Stadtzentrum und durch Sandton

⑰ WELCOME TOURISM SERVICES
257 Oxford Road, Illovo, Telefon 328 80 50, tgl. 14-17 Uhr Konventionelle, bequeme Stadt-Tour, die Besuchern alle wichtigen Sehenswürdigkeiten zeigt

⑫ TOURISM JOHANNESBURG
Village Walk Mall, Sandton, Mo-Fr 8-16.30 Uhr, Tel. 784 13 52

WENN WILDLIFE UND NATUR LOCKEN ...

... sollten Sie dabei sein.

Genießen Sie den Komfort einer Safari-Lodge und lauschen Sie den Stimmen der Wildnis. Erleben Sie die überwältigende Schönheit der kontrastreichen Landschaft Südafrikas.

Wir bieten Ihnen:

- individuelle Reisemöglichkeiten
- Mietwagen u. Campmobile
- Autotouren mit vorgebuchten Hotels
- preiswerte Flugpauschalreisen
- Hotels und Lodges
- Rundreisen mit garantierter Durchführung
- kleine Reisegruppen
- Safaris im Geländefahrzeug

DERTOUR
www.dertour.de

Katalog, Beratung und Buchung in Ihrem Reisebüro.

SEIT 1888 DAS MAGAZIN DER

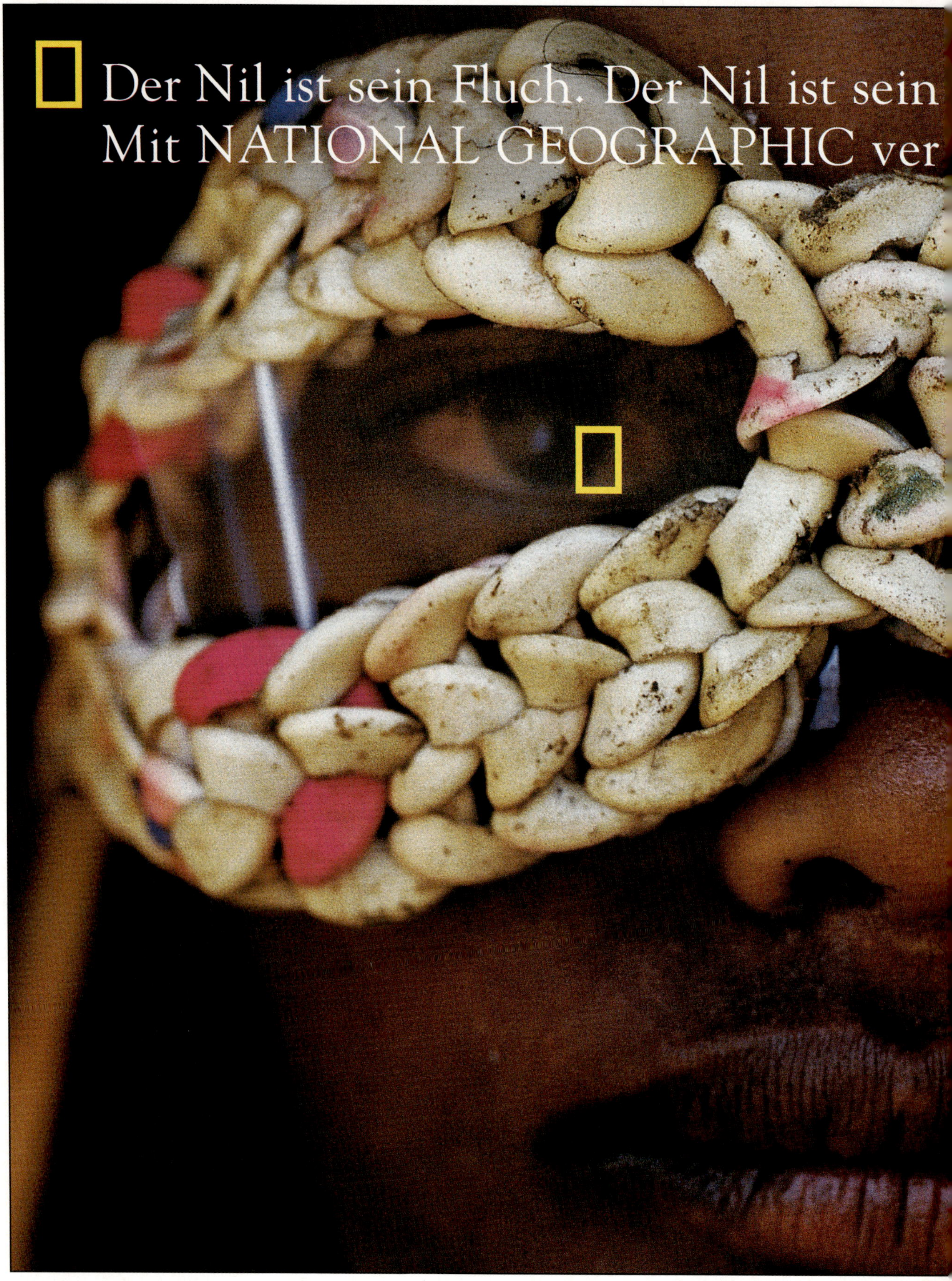

Seit 1888 zieht NATIONAL GEOGRAPHIC mit packenden Reportagen und faszinierenden Bildern Millionen Leser in seinen Bann. Jeden Monat neu!

In dieser Ausgabe u.a.: ◦ **Mysteriöser Höhlenfund** – waren die ersten Amerikaner Eskimos? ◦ **Der höchste Felsbogen der Welt** – die Erstbesteigung des vergessenen

www.nationalgeographic.de

Berges. ∘ **Polarbären** – ein Blick in die Kinderstube der Giganten. ∘ **Neuseeland** – die Schönheit der unberührten Fjorde.

So spannend wie die Welt.

Die Atlantikküste ist Südafrikas Wilder Westen. Denn am Meeresboden lagern Diamanten, und das Tauchen nach den Preziosen gleicht einer Droge: lebensgefährlich, doch von Hoffnung getrieben

Text: Tom Schimmeck, Fotos: Brent A. Meistre

DER wind geht heute. Draußen, wo das lang gezogene Riff den natürlichen Hafen begrenzt, schäumt die Brandung. Also kein Wetter zum Tauchen. Zwei Dutzend Boote dümpeln in der Bucht vor sich hin, an jedem Heck gewaltige Schläuche wie von überdimensionierten Staubsaugern. Damit gehen sie in die Tiefe, wenn die See es zulässt. Auf der Suche nach Diamanten.

Port Nolloth hat einen sehr rauhen, sehr speziellen Charme. Der Atlantik-Hafen liegt im nordwestlichsten Zipfel Südafrikas, nicht weit von der Grenze zu Namibia. Nur eine Tagesreise von Kapstadt und doch so fern, als sei es ein anderer Kontinent. Namaqualand heißt die Gegend, eine endlose Halbwüsten-Landschaft, wo die Farbe Grün nur in Form kleiner Grasbüschel vorkommt, nur alle 100 Kilometer ein Ort existiert. Dazwischen viel Nichts und blökende Schafe. Und die Straße.

Irgendwann stößt die an den Ozean, wird zur Hauptstraße von Port Nolloth: nicht mehr als eine Hand voll kleiner Läden, eine Kneipe und ein Café. Ein paar abgerissene Gestalten bevölkern das Trottoir; in dem 12 000-Seelen-Kaff sind rund 70 Prozent der Menschen arbeitslos. Selbst hier wird nicht jeder reich.

Am Ende der Straße riecht es nach Seetang, liegen die Schiffe der Diamantensucher. Hammerschläge hallen herüber: kleine Reparaturarbeiten, kaum jemand zu sehen heute. Das Gros der Männer, vom Wind zur Untätigkeit verdammt, sitzt längst im „Scotia Inn" – eine düstere Bar mit langem Tresen, Billardtischen und ein paar Einarmigen Banditen. Der fensterlose Raum erinnert daran, dass der Mensch einst ein Höhlenwesen war: Hier darf man noch Mann sein, ungehemmt lautstark prahlen. Ins „Scotia Inn" verkriechen sich richtige Kerle, um richtig zu saufen.

Es ist halb fünf am Nachmittag, als Beukes „Pottie" Potgieter, 25, seinen massigen Seehund-Körper auf dem abgeschrammten, festgeschraubten Barhocker zurechtrückt, den dritten Brandy mit Cola ordert, und verzückt von der Ausbeute der letzten Tage berichtet: In 30 Säcken Kies hat er 30 Karat Diamanten gefunden. Das ist mehr als ordentlich. Pottie kennt sich aus. Seit seinem 17. Lebensjahr zwängt er

GLÜCKSSUCHER im eiskalten MEER

Ein Diamantentaucher auf der Rückfahrt nach Port Nolloth: Die Strömung ist zu stark zum Tauchen – einer von vielen verlorenen Tagen

Graffiti an der Wand des alten „Diamond Divers Club"

sich in seine Taucherkluft, stürzt sich auf der Suche nach Diamanten ins Meer. Er operiert direkt vom Strand aus und innerhalb des großen Sperrgebiets, das sich von Port Nolloth gut 100 Kilometer hinauf bis nach Alexander Bay an der Mündung des Oranje-Flusses zieht. Dort oben wird auch an Land nach den Preziosen gesucht, die sich hier vor Jahrmillionen im Flussbett abgelagert haben. Riesige Sandhalden künden von der mühsamen Buddelei. Für einen Karat Diamanten, also 200 Milligramm, muss etwa ein Kubikmeter Sand und Gestein bewegt werden. Was zurückbleibt, ist eine triste Mondlandschaft.

AM MEERESBODEN vor Port Nolloth ist die Ausbeute besser. In den Felsspalten liegt der freigespülte, steinalte Kies. Früher hat Pottie ihn für die großen Firmen herausgeholt, heute ist er sein eigener Herr, mit eigener Konzession. „Das ist der beste Job im Land", behauptet er.

Wann immer das Wetter es zulässt, stellt er seinen umgebauten Traktor, der die Saugpumpe antreibt, an den Strand und steigt, einen langen, mehr als armdicken Schlauch hinter sich herziehend, ins Wasser. Selbst heute Morgen, als keines der Schiffe sich hinauswagte, konnte er noch arbeiten. Das Meer, so seine Spezialuhr, war 13,6 Grad kalt, aber es ist eigentlich immer kalt hier. Wegen der Strömung, einer der vielen Nachteile dieser Gegend. Wenn Pottie durchhängt, fallen ihm noch eine ganze Menge andere ein. Zum Beispiel, dass die vielen Tauchgänge gefährlich und die Felsbrocken da unten am Meeresboden verdammt schwer sind. Oder dass die Winter kalt sind, es viel zu wenig Frauen gibt und hier überhaupt der Hund begraben liegt. „Warum sind die Diamanten immer an diesen Kackplätzen?", schimpft Pottie und nimmt Drink Nummer fünf in seine Pranke.

Aber solche Anfälle von Trübsinn erlauben sich die Glücksritter von Port Nolloth nur selten. Meist schwärmen sie von ihrer Freiheit, der großen Männerfreundschaft und dem guten Auskommen. „Man heult, wenn man kommt und heult, wenn man geht", sagen sie gern. Sie erzählen von ihren Partys am Strand, wo viel geraucht und getrunken und Unmengen frischer Langusten verdrückt werden. In Wahrheit halten sie sich mit Legenden bei Laune: mit der von dem Mann, der einen 80-Karat-Diamanten am Strand fand. Oder mit der von der Crew, die im Campsbay Hole 26000 Karat binnen zwei Wochen aus dem Meer holte. Das war der größte Jackpot der Westküste Südafrikas.

DER jackpot ist ihre große Hoffnung. „Es ist wie jeden Tag Lotto", sagt Pottie. „Ein unbeschreibliches Gefühl", sagt Gavin, der dies gleich zweimal hatte. „Und ein ewiges Glücksspiel", sagt George Moses, 47, ein Tauch-Veteran und Spät-Hippie, der mit Hunden und Katzen in einer ziemlich wilden Bude in McDougalls Bay haust. Er hat viele Taucher kommen und gehen sehen. Alle haben sie geglaubt, dass ihnen einmal das Glück so richtig hold sein würde. Ein paar von ihnen haben tatsächlich die ersehnte Hand voll großer Steine gefunden, wurden über Nacht reich und gingen – wenn sie schlau waren – fort aus Port Nolloth.

Es zerrt an den Nerven, immer auf den Hauptgewinn zu warten. Jeden Morgen aufzuwachen und als Erstes zu lauschen, wie die Brandung sich anhört. Zu rätseln, ob man rausfahren wird oder nicht, und was einen da unten im Wasser wohl erwartet. Natürlich ist Gier im Spiel. Aber das ganze Getauche, meint George, sei eigentlich eher wie eine Droge. Mit allen Höhen und Tiefen, mit großer Euphorie und viel Quälerei.

George, langhaarig und braungebrannt, hockt auf seiner wackligen Sonnenterrasse und philosophiert. „Das Meer gibt viel und nimmt viel. Die Natur ist launisch", sagt er und erzählt von Willie Strydom, der sich hier ein Haus baute und ein Boot kaufte. Schon nach seiner ersten Tour hatte er alle Ausgaben drin. Zwei Wochen später war er tot, ein Stein war ihm beim Tauchen auf den Kopf gefallen. Jeder Taucher erzählt solche Geschichten. Es gibt Haie dort unten, der Schlauch kann kaputtgehen. Zerquetschte Finger von den schweren Felsen haben sie ohnehin alle. Und jedes Jahr stirbt mindestens einer von ihnen.

Aber auch George kann es nicht lassen. Wie viele von ihnen hat er das Tauchen als Soldat bei der Navy gelernt. „In der Welt wollten sie uns wegen der Apartheidscheiße nicht mehr. Da blieb nicht viel übrig, also kamen wir hierher an die Diamantenküste." Damals in den siebziger Jahren war

Im Diamantentaucher-Museum von Port Nolloth: eine schlichte Ansammlung überlebenswichtiger Accessoires eines wilden Jobs

Morgendliche Wetter-Diskussion der Bootsführer am Hafenbecken

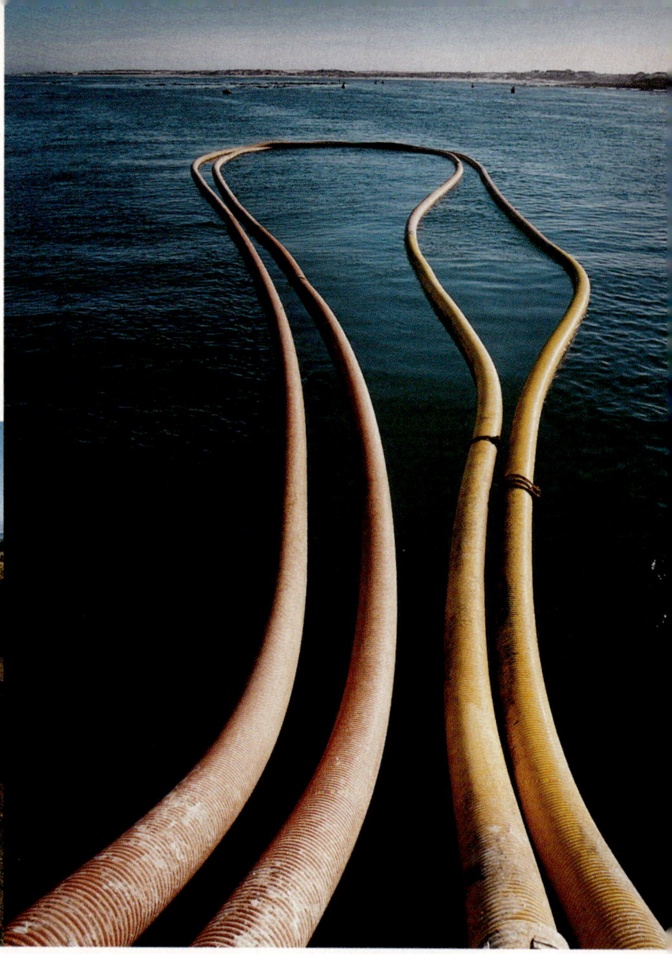

Entsorgung beim Diamantenabbau: In Schläuchen wird Kies hochgespült

Altes Camp der Diamantentaucher: zwöf Hütten, gebaut aus Wrackteilen und Felsbrocken

Port Nolloth ein wildes Pflaster. Die Crews durften ihre Steine noch auf dem Boot aussieben, das war sehr hilfreich, weil man die Diamanten sofort sah und also wusste, ob die Gegend ergiebig war. Der Nachteil war, dass sich eine Glückssträhne schnell herumsprach, und sich bisweilen zehn Boote in einer Bucht drängelten. „Es gab Kämpfe auf den Schiffen. Die haben sich gegenseitig die Pumpen abgestellt und mit Kies beworfen. Selbst die Taucher unten am Meeresgrund gerieten manchmal aneinander."

DIE weißen, die hierher kamen, waren nicht die ersten Siedler. Es war das Land der *Khoikhoi* und der *San*, der Buschmänner, die hier jagten, fischten und Robben fingen. 1854 tauchte Commander Nolloth auf, der Order hatte, einen Hafenplatz zum Abtransport des Kupfers aus den Minen bei Nababeep zu finden. Ein Schienenstrang wurde gelegt, anfangs zogen noch Esel die Loren zum Hafen. Von da an hieß der Ort Port Nolloth.

Ansonsten geschah nicht viel im öden Nordwesten Südafrikas – bis zu jenem Schicksalstag anno 1925, als ein gewisser Jack Carstens hier den ersten Diamanten entdeckte. Bald darauf fand der Edelsteinsucher Hans Merensky 387 Diamanten unter einem einzigen Felsblock. Damit setzte der Rausch ein; strömten Männer, beladen mit Träumen und Tatendrang, mit Spaten und Sieben nach Port Nolloth, um ihr Glück zu suchen.

Ganz plötzlich aber und im Februar 1927 verbot die südafrikanische Regierung jede weitere Suche. Das Diamantengebiet wurde mit Stacheldraht und Wachen bewehrt, denn Hans Merensky und Ernest Oppenheimer hatten alle Rechte aufgekauft. Die Diamantensucher packte der Zorn, man fühlte sich betrogen; die Stimmung heizte sich auf bis zur „Diamantenrebellion". Auf den alten Fotos im kleinen Museum von Port Nolloth kann man Fotos von wütenden Männern bei Protestversammlungen betrachten, am 7. Januar 1929 sollen es an die 2000 gewesen sein. Es gab Verhaftungen, Gefangenenbefreiungen, die Rebellen drohten sogar mit der Stürmung des Diamantensperrgebiets. Also schickte die Regierung noch mehr Polizei und bot zugleich Arbeit an bei der Eisenbahn und im Straßenbau. Und setzte das Recht der Reichen durch.

Was hat sich hier geändert seit dem Ende der Apartheid? Es gibt noch immer zwei Friedhöfe, sortiert nach Hautfarbe, auch wenn auf beiden die Opfer von Tauchunfällen liegen. Und selbst die Lebenden finden nur langsam zusammen – die Schwarzen wohnen weiterhin abseits im Sizamile Township, die *coloureds*, die Mischlinge, links von der Hauptstraße in Nollothville. Aber einer von ihnen, der junge Benjamin Du Plessis, ist jetzt mit Dee zusammen, der blonden Tochter von Alt-Hippie George. Da haben sie aber geguckt in Port Nolloth, seither schneiden ein paar weiße Jungs Dee. Ein Symbol für das neue Südafrika? „Nicht wirklich", grinst Dee. Die alten Kumpels können sie mal.

Früher seien alle Taucher abgezockt worden, meint Benjamin, unabhängig von der Hautfarbe. Oft gab es kein Wasser und nichts zu essen auf den Schiffen, der Lohn war kläglich. „Da draußen gab es keine Apartheid. Nur nackte Ausbeutung, egal ob du weiß oder dunkel warst." Und trotzdem liebt er das Tauchen, vor allem die konzentrierte Einsamkeit. „Du schuftest zwei Stunden allein da unten, in völliger Stille. Siehst nur Wasser, Steine, deinen Schlauch. Dann kommst du hoch und trinkst einen Tee, rauchst eine Zigarette, willst gar nicht viel reden. Wenn ich zwei Wochen nicht getaucht habe, werde ich langsam nervös."

Noch heute schürft De Beers, der Gold- und Edelstein-Multi der Familie Oppenheimer, hier nach Diamanten. De Beers und andere Firmen pflügen mit schweren Spezialschiffen durch ihre Tiefwasser-Konzessionsgebiete, also weiter draußen, wo das Wasser gut 100 Meter tief ist. Sie benutzen dafür Schiffe, die viel zu groß für Port Nolloth sind. Sie operieren von Kapstadt aus und bleiben fast ununterbrochen auf See. Mannschaften und Material werden per Hubschrauber eingeflogen.

DER strand und die flachen Gewässer dagegen werden von Alexkor kontrolliert, einem Staatsbetrieb, der früher gute Gewinne einfuhr, seit einigen Jahren aber Verluste macht. Über das Management hört man Haarsträubendes – Alexkor sei ein korrupter Haufen, schimpft die Minenarbeitergewerkschaft. Die Buren, sagen noch bösere Zungen, würden Alexkor systematisch ruinieren, auf dass der Betrieb der neuen schwarzen Regierung kein Geld bringe und also nicht verkauft werden könne. Früher war Alexkor eines jener abgeschotteten Burenrefugien, wo die herrschende Minderheit ein feines Leben führte. Selbst in den Werkssiedlungen gab es damals Fleisch, Gemüse und Getränke nahezu umsonst.

„Alles war schlecht strukturiert, völlig planlos" räumt Larry Neuhoff ein, der jetzige Boss von Alexkor, der den Betrieb aufräumen soll. Der Brite hat ein sinnliches Verhältnis zu Edlem, suchte früher selbst in ganz Afrika nach Gold und Diamanten. „Es sind so schöne Steine", sagt er ein wenig wehmütig, „nach Kohle zu suchen muss doch scheußlich sein." Doch die firmeneigene Buddelei, die noch 600 Mann beschäftigt, rentiert sich nicht mehr – zu viel Erde wird für zu wenig Diamanten bewegt. Nur die an Kleinunternehmer abgegebenen Tauchoperationen, nur Männer wie Pottie und Gavin und Benjamin verhindern, dass der Verlust noch größer ausfällt. Rund 420 Leute sind im Wasser beschäftigt, 33 kleine Schiffe operieren zwischen Alexander Bay und Port Nolloth. Dazu kommen noch die 32 Einheiten, die vom Strand aus arbeiten. „Die wilden Tage sind vorbei", so Neuhoff, „aber Geld kann man hier immer noch verdienen."

ILLEGALES geld, denn die Verhältnisse hier sind noch immer wild: Der Hauptgrund für Alexkors Verluste ist, dass ein erklecklicher Teil der Diamanten geklaut wird. 20 Prozent sind es, so die vorsichtigsten Schätzungen, oder auch 45 Prozent – genaue Zahlen sind nicht feststellbar. Ziemlich sicher aber ist, dass jährlich mehr als 100 Millionen Rand aus dem firmeneigenen Gebiet verschwinden und dass, so die Experten, bis zu 60 Syndikate in Port Nolloth operieren. „120 Kilometer Zaun, das können wir nicht alles kontrollieren", verteidigt sich Neuhoff hilflos. „Die Tür ist zu. Aber die Wand ist offen."

Die Steine sind so handlich, und die Versuchung ist so stark. Die vom Meer rund geschliffenen Diamanten gelten als besonders schön und wertvoll, ihre Diebe als besonders kreativ. Schon immer hat es Minenarbeiter gegeben, die Steine unter ihre Fingernägel oder in ausgehöhlte Schuh-

Vom Meer rund geschliffen: Steine aus Port Nolloth sind besonders wertvoll

sohlen gepresst oder einfach heruntergeschluckt haben. Alexkor hat deshalb jede Menge Sicherheitspersonal und spezielles, angeblich strahlungsarmes Röntgengerät, das die versteckten Steine sichtbar macht. Das Sperrgebiet zu verlassen, ist eine aufwendige Prozedur.

Und doch verschwindet Stein um Stein. Bestochene Sicherheitsleute schaffen sie heraus. Oder sie werden mit Pfeil und Bogen über die Absperrungen geschossen. Andere Schmuggler haben Diamanten in Pistolenkugeln hineingearbeitet, diese in Holzbalken geschossen und dann das Holz unter einem Vorwand abtransportiert. Ganz Findige arbeiten mit Brieftauben, die in das Sperrgebiet geschmuggelt und mit einem Päckchen wertvoller Fracht versehen werden. Die liefern die Täubchen dann frei Haus.

Kein Wunder also, dass die Polizei in Port Nolloth eine Spezialabteilung hat, in einem Flachbau gleich hinter der Kirche. „Diamond Detectives" steht auf dem kleinen Blechschild über der Eingangstür. Irgendwer hat ein Loch hineingeschossen, aber das stört hier keinen.

Drinnen dudelt ein Radio, draußen rauscht der Ozean. Der Raum hängt voller Zettel, überall gilben Akten. Auf einem kleinen Regal liegen ein paar Steine, darunter auf dem Boden Gipsabdrücke von Verdächtigen. Zwei sehr korpulente Buren legen die Füße auf ihre Tische; Johnny Kriel, 33, und Gerald Potgieter, 31, sind misstrauisch. Aber dann erzählen sie: vom kleinen Grenzverkehr mit Namibia, den Diamantenhändler mit sehr schnellen Autos betreiben. Auch von den Portugiesen in Port Nolloth, die einst aus Angola kamen, als dort die Kolonialzeit zu Ende ging. Die fahren jetzt alle BMW, speisen im „Country Club", und jedermann weiß, dass sie mit Diamanten handeln. Aber niemand kann es ihnen nachweisen.

Manchmal würden sie sogar fünf Schmuggler im Monat fangen, prahlen die beiden Detektive. Und manchmal werden sie andernorts zu Undercover-Jobs eingesetzt, in den Diamantenminen von Kimberley etwa oder den Goldminen Johannesburgs. So richtig zum Fürchten wirken die Detektive nicht, es sind eher die kleinen Fische, die in ihre Fänge geraten, Arbeiter, die einen Stein verschluckt haben. Die steckt man in Alexander Bay in die Röntgenschleuse und sperrt sie bei positivem Befund solange ein, bis der Stein wieder auftaucht, dafür gibt es dort ein spezielles Klo mit einem Sieb. Manchmal dauert es sechs Tage, bis der Stein endlich auftaucht.

DER detective Gerald ist der große Bruder von Pottie, dem Taucher. Als die Sonne untergeht, sitzen Big und Little Pottie gemeinsam im „Scotia Inn" und dezimieren die Brandy- und Cola-Bestände. Der Jüngere wedelt stolz mit seinem Handy und freut sich lauthals, wie viel besser er verdient als sein großer Beamten-Bruder. Heute ist Little Pottie wieder mal aufgekratzt. Den Nachmittag über hat er an einer dieser lärmenden Maschinen gestanden, in die alle Tauch-Crews ihre Ausbeute werfen müssen. Oben kommt der Kies hinein, rutscht in eine rotierende Trommel, die Muschelschalen und alles, was leicht ist, herausschleudert. Es rumpelt und rasselt und spritzt, der schwere Rest fällt in mehrere Lagen runder Siebe, die im Wasser hin und her geschüttelt werden. Wenn ihr Inhalt schließlich kopfüber auf den Sortiertisch gekippt wird, kommt der Augenblick aller Augenblicke: Jetzt entscheidet sich, ob sich die Mühe gelohnt hat. Ob zwischen all den hübschen Kieseln auch ein paar Diamanten funkeln.

Da sind sie, winzig, aber unübersehbar. Unter den Augen von Sizwe, Tobile und Charles, den drei schwarzen Wächtern in blauer Uniform, werden die Steine drüben in den Schuppen getragen, gewogen und in Potties Dose im großen Safe verstaut. Als der Taucher aus dem Schuppen tritt, schaut er unternehmungslustig über den Atlantischen Ozean: „Da sind noch viele Steine drin". Doch ans Tauchen ist wieder mal nicht zu denken, zu viel Brandung und zu viel Strömung. „Die Atlantik-Bank", feixt Pottie, „ist heute geschlossen."

Tom Schimmeck *lebte drei Jahre lang als freier Autor in Südafrika. Er arbeitet heute hauptsächlich für* Die Woche.
Brent A. Meistre, *Absolvent der südafrikanischen Rhodes University in Grahamstown, gewann 1999 den „Student of the Year"-Preis von Südafrika.*

Bundeswertpapiere eröffnen Perspektiven.

Profi-Videoausrüstung, Geländewagen oder beides? Wenn Sie Ihr Geld in Bundeswertpapieren anlegen, brauchen Sie Ihre Träume nicht in Zeitlupe zu verwirklichen. Denn die Zinsen, die Ihr Erspartes dabei einfängt, können sich sehen lassen. Genau wie die Laufzeiten. Die beginnen nämlich bereits bei einem Jahr.

Natürlich lassen sich fast alle Bundeswertpapiere auch vor Ende der Laufzeit wieder zu Bargeld machen – falls Sie Ihr Anschaffungsdrehbuch kurzfristig ändern.

Bundesschatzbriefe, Finanzierungsschätze, Bundesobligationen, Bundesanleihen und Bundesschatzanweisungen erhalten Sie bei Kreditinstituten und allen Landeszentralbanken. Neu herausgegebene Papiere – mit Ausnahme von Anleihen und Schatzanweisungen – sogar ohne Gebühren. Wie Sie Bundeswertpapiere direkt bei der Bundesschuldenverwaltung beziehen und gebührenfrei verwalten lassen können, erfahren Sie unter Telefon 0 61 72/10 82 22 oder 0 30/69 03 42 22 sowie im Internet unter: www.bsv.de

Informationen, wie Sie Ihre Wünsche mit Bundeswertpapieren schneller in Szene setzen, schicken wir Ihnen gerne zu.

Name: ....

Straße: ....

PLZ/Ort: ....

Bitte schicken Sie mir kostenlos ausführliche Informationen. Informationsdienst für Bundeswertpapiere, Postfach 10 12 50, 60012 Frankfurt/M., Telefon: 0 69/74 77 11, Fax: 0 69/74 77 70, Faxabruf: 0 69/2 57 02 00 10. Mail: infodienst.bwp@abc-kom.de

BUNDESWERTPAPIERE

Fünf Papiere, tausend Möglichkeiten. Bundeswertpapiere.

MERIAN live!
Rom
Rom entdecken und erleben
MERIAN-Top-Ten, Sehenswertes
Hotels, Restaurants und Lokale von A–Z
Sprachführer und Eßdolmetscher
MERIAN-Tips
128 Seiten, Übersichtskarte, 2 Stadtpläne
Verkehrslinienplan, Detailpläne Foro Romano
San Pietro in Vaticano, Musei Vaticani
Galleria Borghese
Lunedi' 5.6.2000
Lunedi' 5.6.2000
15-17
Intero 388
La Dolce Vita
Giandujot di Torino
Chiuso Domenica sera e Lunedì
EH 630687 D

In Rom wurde das Dolce Vita erfunden. Wo es besonders dolce ist, zeigt Ihnen MERIAN live!

Piazzas, Pizzerien, Papagallos. In Rom pulsiert das Leben. Eingebettet in die legendären sieben Hügel, geschmückt mit den steinernen Monumenten einer großen Geschichte. MERIAN live! informiert Sie schnell und kompakt über alles Wissenswerte der Stadt und führt Sie zu ausgewählten Adressen und Tipps für Unterkunft, Essen, Unterhaltung und Einkaufen. Inklusive Sprachführer, Essdolmetscher und Stadtplan. Genießen Sie das Dolce Vita von seiner schönsten Seite. **MERIAN live! – der kleine Reiseführer mit dem großen Wissen.**

MERIAN

Die Lust am Reisen

The reference in digital mapping Tele Atlas
MERIAN
scout
Mit Platzbeschreibung vom
GOLF magazin
Deutschland
Golf special
Reiseführer
mit Navigation
im Auto
VERSION
2000
HOTEL
TravelPilot
BLAUPUNKT
Jetzt mehr als 150.000 Reisezi
Golfanlagen: Über 530 Plätze davon über 250 beschrieben
Übernachtung: Über 2.500 Hotels
Essen und Trinken: Über 7.500 Resta
Unterhaltung: Über 2.500 Theater, K
Sehenswertes: Über 300 Sehenswürdigkeite
Service: Über 7.000 Parkgelegenheiten, Tanks
Digitale Karte: Mit mehr als 50
Mit digitaler Straßenk
LANDCLUB
ROLSEN

Höslwang – nur einer von über
530 Golfplätzen bei MERIAN scout,
der Navigations-CD plus Reiseführer
für Ihr Auto.
Fragen Sie nicht nach den schönsten Golfplätzen Deutschlands, lassen Sie sich hinbringen. MERIAN scout führt Sie direkt zu über 530 ausgewählten Golfplätzen
und zu weiteren 150.000 Reisezielen. Auf mehr als 500.000 Straßenkilometern. So kommen Sie schnell zu den herrlichsten Grüns und den besten 19. Löchern.
Gute Fahrt! Mit MERIAN scout – der ersten Navigations-CD plus Reiseführer für Ihr Auto. Mehr Infos unter: www.merianscout.de oder 0180/532 53 35
MERIAN
Die Lust am Reisen

MERIAN TIPPS UND HINWEISE

Wo Landschaften sich in aufwühlender Dramatik präsentieren wie die gesellschaftlichen Umwälzungen. Wo Kulturen gleich Farben des Regenbogens scheinen: Verschieden und prächtig eine jede für sich

LANDESDATEN UND GESCHICHTE

Fläche *............ 1219080 km²*
Einwohner *............. 40 Mio.*
Schwarze 77 %, Weiße 10 %, Mischlinge 10 %, Inder 3 %
Religion *78 % Christen, 10 % Anhänger von Naturreligionen; 2 % Hindus, 1,5 % Moslems*
Metropolen *Johannesburg: 4 Mio., Durban: 3,2 Mio., Kapstadt: 2,9 Mio., Pretoria: 1,3 Mio.*
Wirtschaft *Bodenschätze (Gold, Diamanten, Kohle, Eisenerz), Tourismus, Landwirtschaft*
Bruttosozialprodukt *235 Mrd. Mark – Nr. 1 in Afrika*

3,5 Mio. v. Chr. *Affenmenschen – „Australopithecus" – leben westlich von Johannesburg in der „Wiege der Menschheit"*
117000 v. Chr. *Der Homo sapiens lebt in Höhlen an der Westküste*
30000 v. Chr. *Die San (Jäger und Sammler) bewohnen das Kap*
1300 v. Chr. *Bantustämme siedeln im Osten des Landes*
1488 *Der Portugiese Diaz geht im heutigen Mossel Bay an Land*
1497 *Erste Scharmützel zwischen Portugiesen und den San*
1652 *Der Holländer Jan van Riebeeck gründet die Kapkolonie*
1688 *Französische Hugenotten engagieren sich im Weinanbau*
1779 *Erster Krieg zwischen Europäern und Xhosa-Bauern*
1795 *Die Niederlande treten die Kolonie an Großbritannien ab; am Kap leben 18000 Europäer, 15000 Khoisan, 22000 Sklaven*
1820 *Ankunft von 5000 britischen Siedlern, Kriege mit den Xhosa*
1835-1840 *6000 Buren ziehen gen Norden: Beginn des Großen Trecks. Am Blood River Sieg der Voortrekker über die Zulu und Gründung eigener Republiken (Transvaal, Oranje Freistaat)*
1843 *Natal wird britische Kolonie. Tausende Inder kommen, um auf den Zuckerrohrfeldern zu arbeiten*
1856 *Die Xhosa töten 400000 Stück Vieh: Das Mädchen Nongqawuse hatte eine Vision, dass als Folge der Massenschlachtung die Ahnen alle Weißen ins Meer treiben würden. Tatsächliche Folge: 20000 Xhosa verhungern*
1867 *Diamanten werden am Oranjefluss gefunden*
1871 *Auf der Suche nach Edelsteinen graben 30000 Digger das Big Hole in Kimberley*
1880 *1. Krieg zwischen Briten und Buren*
1886 *Bei Johannesburg werden die größten Goldfelder der Welt entdeckt*
1902 *Die Briten besiegen die aufständischen Buren*
1910 *Mit der Union von Südafrika wird der Friede zwischen den Weißen besiegelt. Beginn der Rassentrennung: den Schwarzen werden 13 Prozent des Landes zugeteilt*
1912 *Als erste schwarze Partei wird der Afrikanische Nationalkongress (ANC) gegründet, der sich der weißen Herrschaft friedlich und vergeblich widersetzt*
1948 *Die Nationale Partei siegt überraschend bei Wahlen und macht die Apartheid zur offiziellen Regierungspolitik. Jedes Miteinander zwischen Weißen und Schwarzen wird ab sofort verboten*
1960 *Die Polizei erschießt in Sharpeville, einem Vorort von Vereeniging, 67 schwarze Demonstranten. ANC-Führer Nelson Mandela organisiert den bewaffneten Widerstand*
1964 *Mandela, zu lebenslänglicher Haft verurteilt, wird auf die Gefängnisinsel Robben Island vor Kapstadt gebracht*
1976 *Schülerunruhen in Soweto*
1977 *Der Schwarzenführer Steve Biko wird in Port Elizabeth im Polizeigewahrsam erschlagen. Beginn der internationalen Ächtung Südafrikas*
1984 *Erste Apartheidreformen (Aufhebung des Verbots von Mischehen). Erzbischof Tutu erhält den Friedensnobelpreis*
1986-1990 *Ausnahmezustand im ganzen Land: Zehntausende Schwarze werden verhaftet. Das Ausland verhängt Wirtschaftssanktionen*
1990 *Präsident de Klerk verkündet die Abkehr von der Apartheid. Mandela wird nach 27 Jahren Haft freigelassen*
1993 *Mandela und de Klerk erhalten (gemeinsam) den Friedensnobelpreis*
1994 *Erste demokratische Wahl: Mandela wird Präsident, de Klerk Vize-Präsident*
1999 *Mandela tritt freiwillig zurück, Thabo Mbeki wird sein Nachfolger*
2000 *Schwerste Regenfälle seit Menschengedenken*

AUSKUNFT

SOUTH AFRICAN TOURISM

DEUTSCHLAND
Alemannia Haus, A.d. Hauptwache 11, 60313 Frankfurt/M., Telefon (069) 9291290, Fax 280950, E-Mail: frankfurt@satour.com, Website: www.satour.de

ÖSTERREICH
Bayerngasse 1/1, 1030 Wien, Telefon (01) 4704511, Fax 71819424, E-Mail: vienna@satour.com

SCHWEIZ
Seestr. 42, 8802 Kilchberg, Telefon (01) 7151069, Fax 7151889, E-Mail: zurich@satour.com

SÜDAFRIKA
Airport Johannesburg, Term. 2, Tel. (011) 9701669, E-Mail: jhbinternational@satour. com

BOTSCHAFTEN

DEUTSCHE BOTSCHAFT
180 Blackwood Street, Pretoria 0001, Tel. (012) 4278900, Fax 3439401

ÖSTERREICHISCHE BOTSCHAFT
1109 Duncan Street, Pretoria 0011, Tel. (012) 4602588, Fax 4601151

SCHWEIZER BOTSCHAFT
818 George Street, Pretoria 0001, Tel. (012) 4306707, Fax 4306771

NOTFALL

Kostenlos im ganzen Land: 10111. In entlegenen Gebieten Auskunft

Stand: Oktober 2000. Zur raschen Orientierung wird auf die Planquadrate der großen MERIAN-Karte hingewiesen

Theater-Blicke mit Statist: Blyde River Canyon im nördlichen Zipfel der Provinz Mpumalanga ist berühmt für seine großartigen Aussichten

(1023) anrufen und nach der „local emergency police number" fragen.

REISEINFORMATIONEN

Anreise Lufthansa und SAA (preiswerter!) fliegen täglich nonstop von Frankfurt nach Johannesburg, von dort weiter nach Kapstadt. Swissair und AUA fliegen dreimal, die LTU einmal pro Woche. Wer direkt nach Kapstadt will, der kann auch mit Air Namibia über Windhuk (Namibia) fliegen. Für einen Aufenthalt bis zu 3 Monaten ist kein Visum erforderlich.
Gesundheitsvorsorge Impfungen gegen die klassischen Tropenkrankheiten sind nicht nötig. Allerdings gibt es im Kruger N.P. (Northern Province/ Mpumalanga) und in KwaZulu-Natal Malaria: Ob Sie dagegen eine Prophylaxe cinnehmen oder sich mit Sprays und Kleidung schützen, müssen Sie selbst entscheiden, in Südafrikas Apotheken („Chemists", „Apteek") sind alle Mittel erhältlich. Vorsicht vor AIDS: Im Süden Afrikas hat die Immunschwäche ihren höchsten Verbreitungsgrad. Das Leitungswasser aber kann (fast) überall getrunken werden.
Reisezeit Südafrika hat ein gemäßigtes Klima, eine Reise ist also zu jeder Jahreszeit angenehm. Beste Zeit für (das im südafrikanischen Winter regenreich-neblige) Kapstadt sind die Monate November, Februar, März. Sehr heiß wird es – besonders in der Karoo – im Januar und Februar; kalt dort nur nachts im südafrikanischen Winter (Juli, August).
Geld Die Landeswährung heißt Rand (R), ein Rand sind 100 Cent. Umgerechnet ergibt ein Rand etwa 30 Pfennige (Stand: Oktober 2000). Alle großen Banken sowie Thomas Cook, American Express, Rennie's Travel tauschen Devisen und Reiseschecks. *Tipp*: Wer länger bleibt, sollte ein Konto eröffnen. Außerdem gibt es landesweit Tausende von Geldautomaten, dagegen kaum internationale Banken mit Kundenverkehr. Die Kreditkartenfirmen Mastercard, Visa, Diners Club und American Express werden fast überall akzeptiert, Eurocard seltener. *Achtung*: Tankstellen nehmen nur Bargeld!
Mehrwertsteuer Touristen können bei Preisen ab 250 R die Mehrwertsteuer rückerstattet bekommen: Bei der Ausreise Originalrechnung, Antragsformular, Pass und Ware beim „VAT"-Büro im Flughafen vorlegen.
Inlandsflüge SAA, Comair und Nationwide fliegen alle großen Städte im Land an, kleine Flughäfen die SAA-Linien SA Link und SA Express. Achtung: Die Flüge sind teuer!
Busse Translux Express, Greyhound Cityliner, Intercape Mainliner (guter Zustand) befahren alle Hauptstrecken.
Eisenbahn Die staatliche Linie Transnet verkehrt ebenfalls überall.
Mietwagen Avis, Budget, Imperial und Economy Car Hire gibt es an allen Flughäfen und in den größeren Städten. *Achtung*: Linksverkehr! Auf den Nationalstraßen darf nicht schneller als 120 km/h gefahren werden. Alkoholgrenze: 0,5. Achten Sie auf die gefährlichen Sammeltaxis (japanische Kombibusse) die ohne jede Warnung Spuren wechseln, anhalten und rücksichtslos überholen.
Unterkünfte Das Angebot ist riesig: vom einfachen Hotel über Gästehaus, Landhotel, Bed & Breakfast-Pension, Ferienwohung, Luxushotel bis zum Camp im Wildpark. Die Preise reichen von 20 bis 500 Mark pro Person pro Tag, sind in den letzten Jahren jedoch angestiegen.
Essen und Trinken Essen gehen ist vergleichsweise preiswert; auch in guten Lokalen kostet ein dreigängiges Menü mit Wein nur rund 40 Mark
Telefon Vorwahl Südafrika: 0027. Umgekehrt: 0949 (D), 0943 (A), 0941 (CH). Telefonzellen funktionieren nur selten mit Bargeld („Coin"), üblich sind Kartentelefone („Card"), Karten mit 20 oder 50 R Guthaben sind in Geschäften erhältlich, Ortsgespräche kosten 15 Cent pro Minute. Telefonieren mit dem deutschen Handy („Cell") ist denkbar einfach, weil nicht anders als zu Hause – sofern Sie D1 und D2 angeschlossen sind. Für alle anderen können Sie vor Ort eine *roaming facility* einrichten. Für Viel-Redner wird es billiger, ein Handy zu mieten, z.B. am Flughafen.
Post Luftpostbriefe nach Europa kosten 2,30 R für jeweils 10 Gramm und 1,90 R für Postkarten. Der Transport nach Europa dauert ca. eine Woche.
Buchungen Über das landesweit verbreitete Buchungssystem „Computicket" erhalten Sie Theater-, Kino-, Konzert- und Buskarten.
Trinkgeld Viele Kellner sind auf Trinkgelder angewiesen, üblich sind 5-10 Prozent. Die selbst ernannten Parkplatzeinweiser erwarten 1 oder 2 Rand – ansonsten werden Sie sich ihren Ärger zuziehen. Gepäckträger am Airport bekommen 2 bis 3 Rand.

WESTERN CAPE

Das Kap der Guten Hoffnung ist das touristische Hauptziel, die meisten Besucher verbringen hier die Hälfte ihres Urlaubs. Das Angebot ist groß: der Tafelberg, die Kapspitze, das Einkaufs- und Amüsierviertel V&A Waterfront, die Museumsinsel Robben Island, Strände, Weinanbaugebiete wie Franschhoek und Stellenbosch. Beliebt sind auch Badeorte wie Hermanus und Arniston, die Garden Route entlang der Küste. Am Kap, sagt man hier, ist alles ein wenig anders als im übrigen Land – die Landschaft ist grün, das Wetter mediterran, die Bevölkerung besteht mehrheitlich aus Mischlingen. Ein Afrika out of Africa.

Fläche .... 29 370 km²
Einwohner .... 4,5 Mio.
Hauptstadt .... Kapstadt

KAPSTADT

Vorwahl: 021

AUSKUNFT

CAPE TOWN TOURISM
Ecke Burg Street/Castle St., Tel. 418 52 14, Mo-Fr 8-19, Sa u. So 9 bis 17 Uhr, Website: www.cape-town.org (C 7)

ÜBER NACHT

THE BREAKWATER LODGE
Portswood Rd., Waterfront, Telefon 406 19 11, DZ ab 360 R Dieses ehemalige, geschickt umgebaute Gefängnis (!) liegt direkt an der Waterfront. Preiswerter kann man dort nicht wohnen! Tolle Aussicht auf Hafen und Tafelberg

THE CAPE HERITAGE HOTEL
90 Bree St., Tel. 424 46 64, DZ ab 600 R Neues Hotel in einem denkmalgeschützten Straßenzug, zentral gelegen. Jedes Zimmer ist individuell eingerichtet, eine Symbiose aus Alt und Neu. Zwei Restaurants, eine Weinboutique

THE CARNABY
219 Main Rd., Tel. 439 74 10, DZ ab 175 R Gleich weit zur Waterfront und zum Zentrum. In der Nähe gibt es mehrere Nachtklubs mit sehenswerten Kabarett-Shows, z. B. das „On Broadway"

THE CELLARS-HOHENORT HOTEL
93 Brommersvlei Rd., Tel. 794 50 27, DZ ab 1550 R Mitten im grünen Constantia-Tal liegt dieses elegante Hotel. Ruhige Atmosphäre, gutes Restaurant mit Blick über die False Bay. Kostenloser Zugang zum nahe gelegenen Fitnesscenter

HOTEL FORMULE 1
171 Jan Smuts Ave., Tel. 418 46 64, DZ ab 159 R Ein bisschen eng, aber außer Telefon ist alles da. Sauber. Zentral an der Foreshore gelegen, abends nicht ganz ungefährlich

THE FRITZ HOTEL
1 Faure St., Tel. 480 90 00, DZ mit Frühstück ab 400 R Gemütliches Gästehaus, alle Zimmer mit Bad und dt. TV-Programmen. Kinos und Restaurants in der Nähe

MOUNT NELSON HOTEL
76 Orange St., Gardens, Tel. 423 10 00, DZ ab 2640 R Das rosa angemalte „Nellie" ist seit Jahrzehnten das Wahrzeichen am Fuß des Tafelbergs: Eleganz und Service im Stil der Alten Welt, beheizter Pool im Garten, drei Restaurants. Der legendäre „High Tea" (drinnen wie draußen, 14.30 bis 17.30 Uhr) ist nicht nur für Gäste des Hauses zu empfehlen!

RADISSON HOTEL
Beach Rd., Granger Bay, Tel. 418 57 29, DZ ab 1500 R Neben der Waterfront und direkt an einem Yachthafen gelegen. Zimmer mit Seeblick buchen. Sehr gutes Frühstück!

ST. JOHN'S LODGE
9 St. John's Rd., Tel. 439 90 28, DZ ab 170 R Sauber und sicher, Sea Point und Strand sind gleich um die Ecke – Tipp für junge Leute, die viel reisen

THE TABLE BAY HOTEL
Quai 6, V&A Waterfront, Telefon 406 50 00, DZ ab 1684 R Erst drei Jahre alt, aber auf Anhieb die Adresse für Prominenz . Exzellenter Service, berauschende Aussicht. Der „Atlantic Grill Room" ist eines der besten Restaurants der Stadt

SÜDLICHES AFRIKA
... INDIVIDUELL FÜR SIE ERARBEITETE REISEN – GEPLANT MIT EINEM PARTNER, DER VIELE JAHRE IM SÜDLICHEN AFRIKA GELEBT HAT.
IMPALA TOURS
Inh. Frauke Schirmer, Postfach 1120, 65741 Eschborn/Ts.
Tel. 06196 - 4 15 86, Fax 06196 - 48 24 60, www.impala-tours.de

DE WATERKANT LODGE
20 Loader St., Telefon 419 10 97, DZ mit Frühstück ab 600 R B & B at the best, unterhalb des Bo-Kaap-Viertels: Man kann Zimmer oder Cottages mieten. Sehr zentral gelegen, mit wunderbarer Aussicht aufs Meer. Sicher, liebevolle Betreuung

ZEBRA CROSSING
82 New Church St., Tel. 422 12 65, DZ ab 150 R Zentral gelegen, in unmittelbarer Nähe zur Kloof Street mit vielen Restaurants. Sichere Gegend. Küche zum selbst Kochen

➤ **Weitere Informationen zu Kapstadt siehe Faltkarte**

AUSSERHALB VON KAPSTADT

TOUREN

WINE ROUTE
➤ siehe S. 48

GARDEN ROUTE
➤ siehe S. 98

CAPE OF GOOD HOPE

Wunderbarer Tagesausflug (ca. 190 Kilometer) von Kapstadt über Muizenberg, Boyes Drive (Wale!), Kalk Bay (Antiquitätengeschäfte), Simonstown (Pinguin-Kolonie) in das Naturschutzgebiet Cape of Good Hope Nature Reserve, Wanderung zur Kapspitze, zurück über Kommetjie, Noordhoek und den Chapman's Peak Drive (wildromantischer Teil) nach Hout Bay (schöner Strand), weiter über Llandudno, Camps Bay, Sea Point und zurück nach Kapstadt

NATURPARKS

Es gibt mehr als 30 geschützte Gebiete im Westkap, doch keinen großen Wildpark. Die folgenden bieten gute Übernachtungsmöglichkeiten: Cederberg Wilderness Area bei Citrusdal (C/D 6), Grootwinterhoek Wilderness Area bei Porterville (D 6), Karoo National Park bei Beaufort West (E 6), Tsitsikamma National Park bei Knysna (F 7), Wilderness National Park bei George (E 7), West Coast National Park bei Langebaan (C 6)

DE HOOP NATURE RESERVE
Die schönsten und größten Sanddünen der ganzen Kapküste. Im September können Sie von oben bis zu 40 Wale in der Bucht liegen sehen; ab Dezember ist das Wasser warm genug zum Schwimmen. Übernachtungsmöglichkeiten in Chalets. 50 km entfernt von Bredasdorp (D 7)

SEHENSWERTE ORTE

Arniston
Das alte Fischerdorf ist bei den Einheimischen seit Jahren ein beliebter Urlaubsort: Man kann am langen Strand wandern, angeln, schwimmen, die Höhle („waenhuis") und ein Schiffswrack besichtigen (D 7)

ARNISTON HOTEL
Beach Road, Tel. (028) 445 90 00, Fax 445 96 33, DZ mit Frühstück 650 R Das beste Hotel am Platz, einige Zimmer mit Meeresblick

SOUTHWINDS B&B
Huxham St., Tel./Fax (028) 445 93 03, DZ 350 R Bed & Breakfast-Zimmer mit Ausblick auf den Garten

Hermanus
Von Kapstadt aus braucht man mit dem Auto 90 Min. zu dem ehemaligen Fischerdorf. Es ist einer der besten Plätze der Welt, um Wale vom Land aus zu beobachten (Walker Bay Juni-Nov., Walfest Sept./Okt.). Ein halbes Dutzend Strände, eine Lagune (auf der Sie Wasserski laufen und windsurfen können) und ein 14 km langer Wanderweg entlang der Bucht locken auch viele Einheimische, besonders während der Schulferien (Dez./Jan.). In der Nähe liegt das Fernkloof Naturreservat mit 42 Proteen-Arten (D 7)

TOURISM BUREAU
Main Rd., Tel. (028) 312 26 29, Fax 313 03 05, E-Mail: infoburo@hermanus.co.za, Website: www.hermanus.com

WHALE HOTLINE
Tel. 08 00 22 82 22 (kostenlos) Hier erhalten Sie Auskunft darüber, wann und wo Wale zu sehen sind

THE MARINE
Marine Drive, Tel. (028) 313 10 00, Fax 313 01 60, DZ ab 1195 R Sehr elegantes Hotel, schöne Zimmer mit Meeresblick

AUBERGE BURGUNDY
16 Harbour Rd., Tel. (028) 313 12 01, Fax 313 12 04, DZ mit Frühstück ab 640 R Guest House im Stil der Provence, Meeres- oder Gartenblick, Steinterrassen

GROOTBOS LODGE
Anfahrt: von Hermanus auf der R 43 in Richtung Stanford, 13 km hinter Stanford an der R 43, Telefon (028) 384 03 81, Fax 384 05 52, DZ 750 R Unterkunft mit Blick aufs Meer und in die umliegende Hügellandschaft des 1000 ha großen, hauseigenen Naturreservats. Die deutschen Hotelbesitzer sind sehr engagiert. Im Preis enthalten: Führungen durch die Fynbos-Vegetation, zu den Höhlen der Ureinwohner, Bootsfahrten zu Walen, Haien, Robben und Ausritte

Franschhoek
Südafrikas Provence in einem wunderschönen Weintal mit exquisiten Restaurants (D 7) ➤ **siehe S. 48**

FRANSCHHOEK VALLEY TOURISM
Telefon (021) 876 36 03, Fax 876 27 68, E-Mail: info@franschhoek.org.za

Knysna
Der Ort liegt an einer herrlichen Lagune. In den letzten Jahren hat er sich immer mehr zur Hauptstadt der Garden Route entwickelt – für manche Stammbesucher schon zu viel des Kommerzes. Wer Glück hat, bekommt in der Lagune Seepferdchen zu sehen oder findet die weißen Pansy-Muscheln, die wie Kleeblätter aussehen (geschützt, nicht pflücken!). In und um Knysna gibt es viel zu sehen: die Knoetzie-Schlösser am Strand, Stormsriver und den Tsitsikamma Forest (F 7)

TOURIST INFORMATION
40 Main Rd., Tel. (044) 382 55 10, Fax 382 16 46, E-Mail: knysna.tourism@pixie.co.za, Website: www.knysna-info.co.za

LEISURE ISLE LODGE
87 Bayswater Drive, Leisure Isle, Tel. (044) 384 04 62, E-Mail: lilodge@mweb.co.za, DZ ab 450 R Sehr zu empfehlen, freundliche Besitzer

ASHMEAD RESORT
George Rex Drive, Telefon (044) 382 31 72, DZ mit Frühstück ab 330 R Chalets direkt an der Lagune, umgeben von Wald. Pool, Garten

Langebaan
120 km nördlich von Kapstadt liegt eine schöne Lagune, bestens geeignet zum Baden, Windsurfen, Segeln und Wasserski laufen. Es gibt einige gute Lokale (Taverna, Pearly's), die Langebaan Lodge und viele Ferienhäuser. Im West Coast National Park gibt es etwas Wild und einige schöne kleine Strände (C 6)

TOURIST INFORMATION
Oostewal St./Bree St., Telefon (022) 772 2115

Plettenberg Bay
Der 1778 gegründete Badeort ist ein Tummelplatz der Johannesburger Schickeria. „Plett" lebt heute ausschließlich vom Tourismus. Im Juli und Oktober können Sie vom Boot aus Wale betrachten, oft auch Delfine. Es gibt drei schöne Strände sowie Wassersportmöglichkeiten auf dem Keurbooms-Fluss (F 7)

TOURIST INFORMATION
Kloof St., Tel. (044) 533 40 65

ISLANDER
Richtung Knysna nach 8 km an der linken Seite der N 2, Telefon (044) 532 77 76 Eines der besten Fischlokale Südafrikas

Stellenbosch
Die Universitätstadt Stellenbosch (rund 15 000 Studenten) wurde 1679 gegründet und ist Südafrikas zweitältester Ort. Das Stadtbild ist gekennzeichnet durch die Kaparchitektur aus der Zeit zwischen 1775 und 1820. Rund 100 der Stadthäuser stehen unter Denkmalschutz, die schönsten rund um den Rasen im Zentrum, den „Braak". Im Village Museum werden Möbel aus der holländischen Blüte gezeigt (Mo-Sa 9.30-17, So 14-17 Uhr). Außer von der Universität wird die Stadt auch von Landwirtschaft und Weinbau geprägt: In der Umgebung liegen mehr als 600 Farmen (C/D 7)

D'OUWE WERF HOTEL
30 Church St., Tel. (021) 887 46 08, DZ ab 385 R Mitten in der Stadt und in der Nähe von schönen Geschäften

TOURIST INFORMATION
36 Market St., Tel. (021) 883 35 84, Fax 883 80 17, E-Mail: eikestad@iafrica.com

RESTAURANTS

➤ siehe S. 56

KWAZULU-NATAL

Das Königreich der Zulu ist touristisch die vielseitigste Provinz Südafrikas. Man kann an den Stränden auch im August schnorcheln, wenn der Rest des Landes fröstelt, in den Drakensbergen (mehrere Gipfel über 3000 m) herrlich wandern, im Wildpark Hluhluwe-Umfolozi die *Big Five* (Löwen, Leoparden, Elefanten, Nashörner, Büffel) beobachten oder nebenan im Feuchtgebiet St. Lucia Nilpferde und Krokodile sehen. Die Schlachtfelder aus den Zulu-Kriegen erzählen die Geschichte des größten Volkes Südafrikas, in den „cultural villages" wird der Lebensstil der Nachfahren des legendären Königs Shaka Zulu anschaulich vorgeführt. Im Großraum Durban leben rund 3 Mio. Menschen, die Hafenstadt selbst ist ein kosmopolitisches Gemisch aus Zulu, Indern und Weißen. Die Strände eignen sich sowohl zum Baden als auch zum Surfen

Fläche .... 91 481 km²
Einwohner .... 8,4 Mio
Hauptstadt .... Pietermaritzburg

NATURE CONSERVATION SERVICES
Tel. (033) 845 19 99 und Fax 845 10 01, E-Mail: bookings@rhino.org.za Buchungen für alle Naturparks

DURBAN

Vorwahl: 031

AUSKUNFT

TOURISM KWAZULU-NATAL
Suite 303, Tourist Junction, 160 Pine St., Tel. (031) 304 71 44, Fax 305 66 93, E-Mail: info@tourism-kzn.org, Website: www.tourism-kzn.org (I 5)

ÜBER NACHT

Wer keine Unterkunft hat, braucht nur die Strandpromenade, den Marine Drive, entlangzufahren: Hier reiht sich alles – von der einfachen Lodge bis zum Luxushotel

CITY LODGE DURBAN
Brickhill/Old Fort Rd., Tel. 32 14 47, DZ ab 260 R Zweckmäßig und sauber mit Telefon, TV und Bad im Zimmer. Nur zwei Straßenblocks vom Strand entfernt

HOLIDAY INN DURBAN-ELANGENI
63 Snell Parade, Tel. 36 213 00, Fax 332 55 27, E-Mail: intmktg@southernsun.com, DZ ab 500 R Am nördlichen Abschnitt der Strandmeile gegenüber dem indischen Flohmarkt (nur So). Zimmer mit Meeresblick, zwei schöne Pools. Gehobene Mittelklasse. Im Restaurant „Daruma", mit Sushi-Bar und Grilltischen, treffen sich die jungen Schönen und Reichen der Stadt

HOLIDAY INN GARDEN COURT MARINE PARADE
167 Marine Parade, Tel. 337 33 41, DZ ab 369 R Das Hotel liegt direkt an der „Golden Mile", der Strandmeile. Alle Zimmer haben Meeresblick: Am schönsten ist er von den oberen

Südafrika – Botswana – Namibia
Individualreisen in exklusiven Lodges / Hotels
Kugler Reisen
Bilgeristr. 20
87700 Memmingen
Tel. 08331/764040
Fax 08331/764041
mail@kugler-reisen.de
www.kugler-reisen.de

Etagen. Schwimmbad, zwei Restaurants, Bar

THE ROYAL
267 Smith St., Tel. 3040331, DZ ab 1400 R Außen (ent)täuschend unscheinbar, innen luxuriös. Super Service en livrée. Im kolonialen Ulundi-Restaurant bekommen Sie die besten indischen Currys der Stadt, im eleganten Royal Grill guten Fisch oder ein Kalbsmedaillon. Direkt vor dem alten Rathaus gelegen

ESSEN UND TRINKEN

LA DOLCE VITA
Durban Club (1. Stock), 4 Durban Club Place, Tel. 3018161, So geschl. Der beste Italiener der Stadt. Probieren Sie das Lamm Valentino, die Tagliarini mit Crayfishsauce oder – selten in Südafrika – den gerösteten Kräuterhasen

FAMOUS FISH COMPANY
Eingang am Point Yacht Club, Tel. 3681060/9 Zweistöckiges In-Lokal, das auf einer Mole am Hafeneingang im Wasser schaukelt. Super-Blick auf Durbans Yachthafen, leckere Fish & Chips draußen auf dem Oberdeck. Das Restaurant im 1. Stock ist nur mittelmäßig

HARVEY'S
77 Goble Road, Morningside, Tel. 3129064, So geschl. Top-Restaurant, das elegante Atmosphäre mit stilvoll präsentierten Gerichten verbindet. Zu den Klassikern zählen der Ziegenkäse mille feuille, das Muschelrisotto und das Wildbret

JAIPUR PALACE
10 Northway (im Riverside Hotel), Tel. 5630287, tgl. geöffnet Stilecht eingerichtetes Restaurant im Norden der Stadt, das nordindische Spezialitäten serviert. Sehr gut (und preiswert) das reichhaltige Buffet

EINKAUFEN

AFRICAN ART CENTER
Tourist Junction, 160 Pine St., So geschl. Viele Läden verkaufen Souvenirs und afrikanische Kunst – aber das Art Center ist ein absolutes Muss für jeden, der echtes Zulu-Handwerk sucht, teilweise sogar alte Schmuckstücke. Gute Preise

THE BAT CENTER
45 Maritime Place, tgl. geöffnet Das Bat (Bartle Arts Trust) ist weit über Durban hinaus bekannt. In einer ehemaligen Lagerhalle am Hafen stellen junge Künstler ihre Arbeiten aus. Mit Restaurant und Coffee Shop

THE WORKSHOP MALL
99 Aliwal St., tgl. geöffnet Mehr als 100 Läden in einem riesigen Einkaufszentrum

THE VICTORIA STREET MARKET
Queen St./Victoria St., Mo-Sa 6-18 Uhr, So 10-16 Uhr Bunter indischer Straßenmarkt mit 200 Ständen. Gewürze, Saris, exotische Früchte, Souvenirs. Relativ sicher, trotzdem vor Dieben Acht geben!

AMPHIMARKET
Amphitheatre North Beach, Snell Parade, So 9-16 Uhr Flohmarkt mit vielen indischen Ständen im Garten direkt an der Strandpromenade auf Höhe der Bay of Plenty Beach. Entspannte Atmosphäre, Schnäppchen, asiatische Snacks

SEHENSWERT

GOLDEN MILE
Die Strandpromenade ist traditionell Durbans Prunkstück. Man kann alles bequem zu Fuß erkunden – exotischer ist allerdings die Fahrt über die Golden Mile in einer bunt geschmückten Rikscha. Entlang der Promenade gibt es reichlich American Amusement: Funworld (Go-Kart für Kinder), Seaworld (Haie, Delfine, Pinguine), Amusement Park (Dauerkirmes), Snake Park (80 Schlangen) und Waterworld (Bootsfahrten, Wasserrutschen)

THE PLAYHOUSE
231 Smith St., Tel. 3699555 Gegenüber dem Rathaus steht das fünfstöckige Stadttheater im nachgebauten Tudor-Stil. Hier finden fast jeden Abend Tanz-, Theater- oder Musikveranstaltungen von meist durchschnittlichem Niveau statt, bisweilen auch Aufführungen der progressiven Playhouse Dance Company. Künstlertreff ist die preisgünstige Cafeteria im Erdgeschoss, in der mittags warme Gerichte serviert werden

MUSEEN

CITY HALL UND ART GALLERY
Smith St., Tel. 3006911 oder 3006238, Mo-Sa 8.30-16, So 11-16 Uhr Im ersten Stock des monumentalen Rathauses (1910 nach dem Modell des Rathauses von Belfast erbaut) gibt es im Natural Science Museum eine naturwissenschaftliche Ausstellung mit präparierten Tieren. Im zweiten Stock zeigt die Durban Art Gallery eine der besten Kunstsammlungen Südafrikas: u.a. Lalique, Rodin und heimische Künstler

KWA MUHLE MUSEUM
130 Ordinance Road, täglich 8-16 Uhr Durbans jüngstes Museum erzählt mit Hilfe von Fotos und Ausstellungsstücken die Apartheidgeschichte der Stadt. Sehenswert und sehr spannend

AKTIV

Schwimmen, surfen, tauchen, segeln: Wassersport spielt in dieser Provinz eine große Rolle. Kein Wunder, denn der Strand erstreckt sich über eine Länge von 600 km und das Wasser ist ganzjährig warm. Aber auch Tennis- und Golfplätze können Sie überall finden. Weitere populäre Sportarten sind Wandern, Reiten und Fischen

DIE 10 SCHÖNSTEN GAME LODGES

Außer den Nationalparks gibt es in Südafrika zahlreiche private Reservate mit „Game Lodges". Das sind luxuriös gestylte Chalets, die exklusiven Service mit dem Gefühl von out of Africa verbinden. Die Preise sind entsprechend: von ca. 300 bis 3000 Mark pro Person pro Nacht. Zum Service gehört der Touch von Safari: Ranger sind darauf spezialisiert, Ihnen binnen kurzer Zeit die „Big Five" zu präsentieren – per Jeep oder zu Fuß. Die meisten Lodges befinden sich am Rand des Kruger National Park

INFORMATION, BUCHUNGEN

EXCLUSIVE GETAWAYS
Johannesburg, Tel. (011) 8038669, Fax 8070417; Kapstadt, Tel. (021) 7977122, Fax 7977311; E-Mail: getaways@iafrica.com, Website: www.getaways.co.za

GAME LODGES

KAPAMA
Tel. (012) 8044840, Fax 8043984, E-Mail: gentour@iafrica.com, Website: www.kapama.co.za, DZ ab 1780 R 120 km^2 großes Reservat an einem See. Gäste können in der luxuriösen Kapama Lodge oder im günstigeren Buffalo Camp (im Baumzelt!) übernachten

LONDOLOZI
Tel. (011) 7750000, Fax (011) 7847667, E-Mail: information@conscorp.co.za, Website: www.londolzi.com, DZ ab 7440 R Camp mit vielen Auszeichnungen: für exzellentes Essen, freundliches Personal, entspannte Atmosphäre. Außergewöhnlich die Suiten im Tree Camp. In Londolozi können Sie Leoparden beobachten

MAKALALI
Telefon (015) 7931720, Fax 7931723, E-Mail: info@makalali.co.za, Website: www.makalali. com, DZ 4400 R Vier Camps am Ufer des Makhutswi River mit Pool und ausgezeichneter afrikanischer Küche. Neben Jeeptouren und Wanderungen können Sie Wildwasserfahrten machen, ein Gepardenprojekt besuchen

MALA MALA
Telefon (011) 7892677, Fax 8864382, E-Mail: jhb@malamala.com, Website: www.malamala.com, DZ ab 3500 R Für viele die beste Lodge mit „Big-Five-Garantie". Besonders luxuriös das Main Camp, etwas rustikaler Harry's Camp

PHINDA
Telefon (011) 7750000, Fax 7847667, E-Mail: information@conscorp.co.za, Website: www.phinda.com, DZ ab 5600 R 150 km^2 großes Reservat nahe dem Nationalpark Greater St. Lucia. Die verglasten Chalets der Forest Lodge sind auf Stelzen in den Wald gebaut: perfektes Naturgefühl

SABI SABI
Tel. (011) 4833939, Fax 4833799, E-Mail: Com@sabisabi. com, Website: www.sabisabi.com, DZ 5750 R Preisgekröntes Reservat am Südrand des Kruger-Parks. Vor Bush Lodge liegt eine weite Ebene mit Wasserloch: Vom Pool aus können Sie das Wild beobachten. Im Zeltcamp Nkombe gibt es Ranger-Trainings-Kurse

SINGITA
Tel. (011) 2340990, Fax 2340535, E-Mail: reservations@singita.co.za, Website: www.singita.co.za, DZ 7800 R Preisgekröntes Camp: für exzellente Unterkunft, Service, Küche. Jede der klimatisierten Suiten mit Pool, eigener Feuerstelle, Blick auf den Sand River. Im Heilbad können Sie sich mit Massagen, Aromatherapie oder Schönheitspflege verwöhnen lassen

THORNYBUSH
Tel. (011) 8837918, Fax 8838201, E-Mail: sales@thornybush.co.za, Website: www.thornybush.co.za, DZ ab 2200 R In dem 115 km^2 großen Reservat haben Sie die Wahl zwischen fünf Lodges: einer großen und vier kleineren. Exzellente Küche, freundliches Personal. Jeepsafaris, Buschwanderungen nach eigenen Wünschen

TSWALU
Telefon (053) 7819311, Fax 7819316, E-Mail: tswalures@kimberley.co.za, Website: www.tswalu.co.za, DZ ab 5600 R Tswalu Private Desert Reserve nahe des Kalahari-Nationalparks ist die größte Privatfarm Südafrikas (1000 km^2): Lindbergh Lodge hat Pool, Tennis- und Golfplatz. Sie können die Wüste zu Fuß, im Jeep, Heißluftballon, auf Pferden, Mountainbikes erkunden

ULUSABA
Tel. (013) 7355460, Fax 7355171, E-Mail: safaris@ulusaba.com, Website: www.ulusaba.com, DZ ab 4000 R Feines neues Spielzeug von Virgin-Boss Richard Branson: Rocklodge thront auf Felsen über der Savanne, Safari Lodge auf einer Plattform am Ufer eines Baches

Afrika très chic: Jede Lodge ist perfekt designed

DER FEINSCHMECKER, Deutschlands führendes Magazin für kulinarische Lebensart, führt Sie zu den besten Restaurants und Hotels, Delikatessen-Shops und Weingütern in Deutschland und in der neuen Welt. Mit insgesamt über 4000 exklusiven Adressen und Empfehlungen, sind die Guides unverzichtbar für anspruchsvolle Genießer auf Reisen. **Jetzt im Buchhandel.**

DER FEINSCHMECKER

REISEN · ESSEN · TRINKEN · GENIESSEN

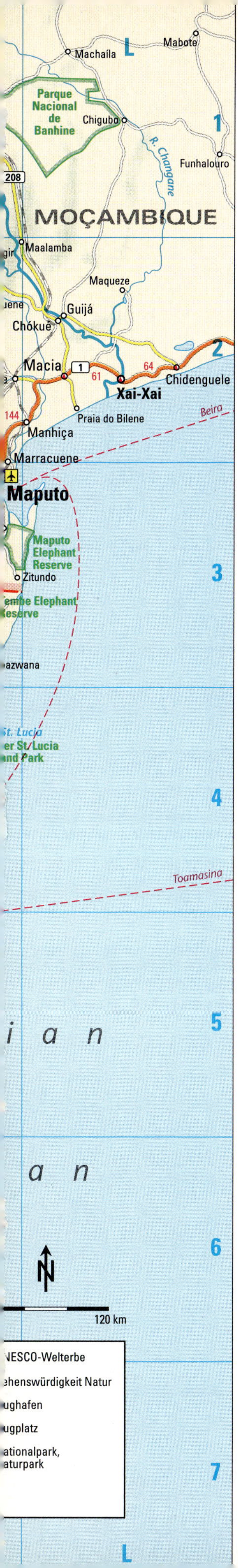

Mabote
Machaíla
L
Parque Nacional de Banhine
Chigubo
1
R. Changane
Funhalouro
208
MOÇAMBIQUE
Maalamba
Maqueze
Guijá
Chókuè
Macia
1
61
64
2
Chidenguele
Xai-Xai
Praia do Bilene
144
Beira
Manhiça
Marracuene
Maputo
Maputo Elephant Reserve
3
Zitundo
4
Toamasina
5
6
7
120 km
L

Orte

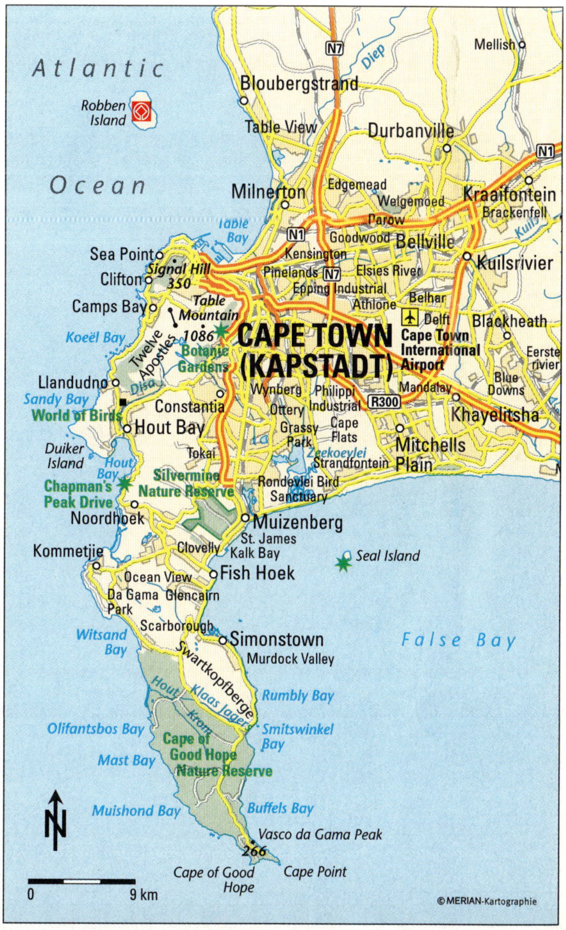

Atlantic
Ocean
Robben Island
N7
Diep
Mellish
Bloubergstrand
Table View
Durbanville
N1
Milnerton
Edgemead
Welgemoed
Kraaifontein
Brackenfell
Parow
Bellville
Kuilsrivier
Table Bay
Sea Point
Signal Hill 350
Kensington
Goodwood
Pinelands
Elsies River
Epping Industrial
Athlone
Clifton
Camps Bay
Table Mountain 1086
Twelve Apostles
Delft
Belhar
Blackheath
Koeël Bay
Botanic Gardens
CAPE TOWN (KAPSTADT)
Cape Town International Airport
Llandudno
Sandy Bay
World of Birds
Constantia
Wynberg
Philippi Industrial
Ottery
Grassy Park
Cape Flats
Mandalay
R300
Khayelitsha
Blue Downs
Hout Bay
Tokai
Strandfontein
Mitchells Plain
Duiker Island
Silvermine Nature Reserve
Rondevlei Bird Sanctuary
Zeekoevlei
Chapman's Peak Drive
Noordhoek
Muizenberg
St. James
Kalk Bay
Kommetjie
Clovelly
Fish Hoek
Seal Island
Ocean View
Da Gama Park
Glencairn
Witsand Bay
Scarborough
Simonstown
Murdock Valley
False Bay
Swartkopfberge
Rumbly Bay
Olifantsbos Bay
Smitswinkel Bay
Cape of Good Hope Nature Reserve
Mast Bay
Buffels Bay
Muishond Bay
Vasco da Gama Peak
266
Cape of Good Hope
Cape Point
0
9 km
© MERIAN-Kartographie

Playground am Indischen Ozean: Durban hat lange Sandstrände. Wichtiger als der Badespaß aber ist der amerikanisch anmutende Amusement Park

AUSSERHALB VON DURBAN

TOUREN

NATAL MIDLANDS
An der N 3 oberhalb von Pietermaritzburg ist eine Kunst- und Handwerksroute entstanden: Töpfer, Weber, Bildhauer, Holzdreher, Lederverarbeiter. Dort können Sie Forellen fangen, golfen und reiten. Die Unterkünfte reichen von einfach bis luxuriös: Unbedingt die hervorragende Broschüre „The Midlands Meander" bei Tourism KwaZulu-Natal in Durban besorgen. *Tipp*: von Durban auf der N 3 fahren, in Hillcrest rechts abbiegen zum malerischen Valley of a Thousand Hills (I/K 4)

NATURPARKS

DRAKENSBERGE
In Südafrikas höchster Berglandschaft führen zahlreiche Wanderwege durch weites Grasland und farnüberwucherte Wälder. Die Aussichten sind oft spektakulär – ein besonderes Highlight ist das Bergpanorama im Royal Natal National Park (H/I 4). Zwei weitere empfehlenswerte Reservate sind der Golden Gate Highlands National Park (Free State, H 4) und das Giant's Castle Game Reserve (I 4)
➤ **siehe S. 95 (Wildparks)**

In den südlichen Ausläufern der Drakensberge, im Umkreis der Kleinstadt Underberg, kann man reiten, Forellen fischen, wandern, golfen. Hier gibt es viele Unterkünfte. Besonders beliebt ist der halbtägige Ausflug den Sani-Pass (I 4) hinauf zum „höchsten Pub in Afrika" im Bergreich Lesotho

Underberg
EKUTHULENI
Tel. (033) 701 17 47, E-Mail: ekuthuleni@futurenet.co.za, DZ ab 110 R Vier strohgedeckte, schön eingerichtete 4-Bett-Bungalows mit herrlichem Panoramablick. Viel Platz für Kinder. Man verpflegt sich selbst (guter deutscher Metzger im Ort), Herd und Eisschrank sind vorhanden (I 5)

ITALA GAME RESERVE
Der ruhige, wenig besuchte Park nah an der Grenze zu Swaziland ist ein Geheimtipp: Sie können die Tiere zwischen spektakulären Klippen oder in weitem Grasland beobachten. Löwen gibt es keine – deshalb darf man auch das Auto verlassen und in den Flüssen baden (K 3)
➤ **s. a. S. 95**

HLUHLUWE-UMFOLOZI GAME RESERVE
Nirgendwo können Sie leichter Nashörner sehen (1500 auf 1000 km²) als in Südafrikas ältestem Wildpark. Auch Löwen, Büffel und Giraffen gibt es viele. Weitere Highlights sind Nachtsafaris und Bootsfahrten auf dem Hluhluwe River (K 4)
➤ **siehe S. 95**

GREATER ST. LUCIA WETLAND PARK
Das riesige Feuchtgebiet mit seinen bewaldeten Dünen, endlosen Stränden und Korallenriffen hat die besten Wanderwege des südlichen Afrika. Sie können im Meer schnorcheln, bei Bootstouren auf dem St. Lucia-See nach Krokodilen, Nilpferden und Fischadlern Ausschau halten oder das Crocodile Centre (beim Parkeingang) besuchen. Leisure Eco Tours hat sich auf Umweltunterricht für Kinder spezialisiert: Tel. (035) 590 11 43 oder (083) 284 16 94, uvubu @hotmail.com (K 3/4)
➤ **siehe S. 95**

St. Lucia
ST. LUCIA WETLANDS
20 Kingfisher St., Tel./Fax (035) 590 10 98, E-Mail: wetlands@iafrica.com, DZ ab 150 R Ausgezeichnetes, preiswertes Guesthouse. Hettie und Derick helfen gern bei Buchungen und Touren (K 4)

ST. PIZZA SEAFOOD GRILL & PUB
51 McKenzie St., Tel. (035) 590 10 48, tgl. geöffnet Gute Pizzen, Meeresfrüchte, Steaks, Bier vom Fass

SEHENSWERT

BATTLEFIELDS
Ausgerechnet die zu Ehren der Geburt Christi (natale) benannte Provinz hat über Jahrhunderte hinweg mehr Blutvergießen erlebt als jede andere Region Südafrikas. Militärhistoriker kommen an Schauplätzen wie Blood River (Buren gegen Zulu, 1838), Isandhlwana und Rorke's Drift (jeweils Briten gegen Zulu, 1879) auf ihre Kosten. Am Blood River stehen zwei eindrucksvolle Monumente: 64 eiserne Planwagen der Buren und ein 1999 errichtetes Denkmal der Zulu. Bis heute sind die Zulu stolz, wenn sie nach Isandhlwana befragt werden – nie zuvor hatten Afrikaner der übermächtigen britischen Kolonialmacht eine solch bittere Niederlage zugefügt wie am 22. Januar 1879
Anfahrt nach Isandhlwana R 68, ca. 70 km südöstlich von Dundee; **nach Rorke's Drift** R 33, 13 km südlich von Dundee, dann noch ca. 30 km auf Sandpiste; **nach Blood River** R 33, 27 km nordöstlich von Dundee, dann 20 km auf Sandpiste (I 5)

SHAKALAND
Anfahrt: N 2, R 66 nach Eshowe, dann nach 14 km an der R 68; Führungen zu Geschichte, Tänzen, Bierbrauen tgl. 11 und 12.30 Uhr, Telefon (035) 460 09 12, Fax 460 08 42, E-Mail: shakares@iafrica.com Das Zuludorf wurde als Kulisse der TV-Serie „Shaka Zulu" errichtet. Vieles ist sehr touristisch, dennoch lohnt sich der Besuch und selbst eine Übernachtung in den Rundhütten (K 4)

FREE STATE

Der landschaftlich reizlose Free State hat touristisch nicht viel zu bieten. Das gilt auch für die Hauptstadt Bloemfontein, die allerdings in der Geschichte Südafrikas eine bedeutende Rolle spielte: Im 19. Jahrhundert war sie die wichtigste Stadt der Buren und Sitz ihrer Präsidenten. Die konservativen Weißen im alten Oranje Vrystaat gehörten später zu den glühendsten Verfechtern der Apartheid; die Basotho wurden von ihrem fruchtbaren Land vertrieben und in das karge, abgelegene Homeland Qwa-Qwa abgeschoben; Inder durften sich überhaupt nur 24 Std. in der Provinz aufhalten. Nach dem Wahlsieg des ANC 1994 wurde diese Politik aufgegeben. Im vermeintlich reichen Freistaat sind nur die weißen Großbauern wohlhabend – die Löhne der schwarzen Arbeiter gehören zu den niedrigsten des Landes

Fläche	129 480 km²
Einwohner	2,5 Mio.
Hauptstadt	Bloemfontein

BLOEMFONTEIN

AUSKUNFT

TOURIST INFORMATION
60 Park Rd., Tel. (051) 405 84 90, Fax (051) 47 38 59, E-Mail: bloem@internext.co.za (G 4)

ÜBER NACHT

RAMBLING ROSE
77 President Reitz Ave., Tel. (051) 447 16 34, DZ ab 310 R Gästehaus mit Pool und gemütlichen Zimmern, die zu einem Garten hinausführen

HOLIDAY INN GARDEN COURT
Zastron St./Kimberley Rd., Tel. (051) 444 12 53, DZ ab 408 R Das einstige 4-Sterne-Haus „Landrost Sun" ist heute ein angenehmes Familienhotel. Empfehlenswertes Restaurant

HOBBIT HOUSE
19 President Steyn Ave., Tel. (051) 447 06 63, DZ ab 495 R Ein mehrfach preisgekröntes Gästehaus. Zimmer mit antiken Möbeln, Betten mit handgenähten Steppdecken

ESSEN UND TRINKEN

THE OCEAN BASKET
105 Henry Street, Tel. (051) 430 81 95 tgl. geöffnet. Wer Meeresfrüchte mag, ist in diesem Bistro richtig. Vom einfachen Linefish mit Pommes Frites bis zu Hummer, Calamares, Langusten wird alles serviert. Blick über den kleinen See Loch Logan

BEEF BARON
22 Second Ave., Tel. (051) 447 42 90, tgl. geöffnet, Sa, Mo nur abends Das Steakhaus ist das Mekka der „Fleischfresser": Für nur 70 R gibt es ein 1,5 kg-Steak

ACROPOLIS
CR Swart Bldg., Elizabeth St., Tel. (051) 447 04 64, tgl. geöffnet, Sa nur abends, So nur mittags Drehrestaurant auf dem höchsten Gebäude der Stadt mit griechischer Küche, elegantem Ambiente und einer fabelhaften Aussicht über Bloemfontein

SEHENSWERT

Auf einem Spaziergang durch Bloemfontein die President Brand St. (ab der Park St.) hinunter, kommen Sie an etlichen historischen Stätten vorbei: First Raadsaal, Hertzog Square, Old Presidency, Fourth Raadsaal und der oberste Gerichtshof des Landes zeigen die architektonische Vielfalt des 19. Jhs. Das heutige Rathaus, die City Hall, ist eines der schönsten Gebäude des Landes. Gegenüber im National Museum (36 Aliwal St., tgl. geöffnet) wird eine Straßenszene anno 1900 dargestellt

IN DER PROVINZ

ÜBER NACHT

KUILFONTEIN STABLE COTTAGES
An der N 1, 12 km südlich von Colesberg, Tel. (051) 753 13 64, DZ ab 440 R Ideal für Reisende von Kapstadt nach Johannesburg: Auf halber Strecke liegt die Zuchtfarm für Rennpferde. Schöne Zimmer mit Bad in restaurierten Pferdeställen (F/G 5)

NATURPARK

GOLDEN GATE HIGHLANDS NATIONAL PARK
Anfahrt: N 1 bis Winburg, dann die N 5 über Bethlehem bis Kestell, dann den Schildern folgen Ein kleiner Park im Norden der Drakensberge mit wilden Felsformationen: Wer Glück hat, entdeckt Adler und Bartgeier. Unterkünfte in Hütten und Chalets (H 4)
➤ **siehe S. 95 (Wildparks)**

SEHENSWERT

GOLDFIELDS REGION
Bei Welkom können Sie unter Tage in die größte Goldmine der Welt einfahren. Die Gartenstadt Welkom wurde komplett am Reißbrett entworfen. Im Zentrum gibt es weder Ampeln noch Straßen mit Stoppschild (G 4)

GARIEP DAM
An der N 1 an der Südgrenze der Provinz Der größte Stausee Südafrikas lockt im Sommer viele Wassersportfreunde an. Wer kein eigenes Boot besitzt, kann eine Tour auf einem Hausboot buchen. Nördlich des Gariep Dam liegt ein Wildpark mit einer großen Springbok-Herde (G 5)

BASOTHO CULTURAL VILLAGE
Im Qwa-Qwa National Park, 20 km östlich vom Golden Gate Park, an

der R 712, tgl. geöffnet Das „Kulturdorf" zeigt die Lebensweise der Basotho, die im Osten an der Grenze zu Lesotho die Bevölkerungsmehrheit stellen. Bei Vorführungen zeigt sich der Häuptling, auch der Medizinmann, kann das selbst gebraute Bier gekostet werden. Besonders interessant: eine Ausstellung der typischen Rundhütten vom 16. Jahrhundert bis heute. Außerdem ein von einem Naturheiler geführter Kräuter-Trail (2 Stunden), bei dem Felsmalereien zu sehen sind (H/I 4)

GAUTENG

Gauteng ist die am dichtesten besiedelte, kleinste und reichste Provinz Südafrikas. Hier, im Nordosten des Landes, rauchen die Schornsteine, wird seit 1886 tonnenweise Gold gefördert und intensiv Landwirtschaft betrieben. Auf der Suche nach Arbeit strömen die Menschen aus ganz Südafrika und den angrenzenden Ländern in die Wirtschaftsmetropole Johannesburg (auch: *Egoli*, „Stadt des Goldes"). Das größte Township der Stadt, Soweto, ist die bekannteste Schwarzensiedlung des Landes. Für Touristen ist die 1600 m hoch gelegene Provinz mit ihren Maisfeldern und Fabriken eher uninteressant – auch wegen der hohen Kriminalität, besonders in downtown Johannesburg

Fläche .... 17 010 km²
Einwohner .... 7,2 Mio.
Hauptstadt .... Johannesburg

JOHANNESBURG

Vorwahl: 011

AUSKUNFT

GAUTENG TOURISM
356 Rosebank Mall, Rosebank, Tel. (011) 327 20 00, Fax 327 70 00, Website: www.gauteng.net

TOURIST INFORMATION
Village Walk Mall, Sandton, Telefon 784 13 52, Mo - Fr 8 -16.30 Uhr (H 3)

➤ **weitere Informationen s. a. S. 106**

ÜBER NACHT

BROWN SUGAR
75 Observatory Ave., Observatory Extension, Observatory, Telefon 648 73 97, DZ ab 100 R Geheimtipp für den schmalen Geldbeutel. Die riesige Villa, einst Residenz eines Jo'burger Mafia-Bosses, bietet Backpackern ungewohnten Luxus: Swimmingpool, Jacuzi, Traumblick

THE MELVILLE HOUSE
59 Fourth Ave., Melville, Telefon 726 35 03, Fax 726 59 90, E-Mail: happy@iafrica.com, DZ 450 R, EZ 300 R Gut organisiertes Guesthouse der Schriftstellerin Heidi Holland im Trendviertel Melville. Neun hübsche Zimmer im Landhaus-Stil, kleiner Pool, Garten. Das Haus wird gern von Medienleuten frequentiert

OXFORD LODGE
28a Oxford Ave., Sandhurst, Sandton, Tel. 884 52 40, DZ ab 155 R In zentraler Lage, mit schönem Garten und afrikanischen Strohdachhäusern

SUNNY SIDE PARK HOTEL
2 York Rd., Parktown, Tel. 643 72 26, DZ ab 610 R Ehemaliger, denkmalgeschützter Gouverneurspalast. Das stilsicher renovierte Gebäude liegt in einem Park, Blick über die Stadt

WESTCLIFF LODGE
6 Westford Ave, Westcliff, Telefon 646 88 56, DZ ab 145 R In idyllisch feiner Lage, doch erschwinglich. Kleiner Garten, Pool und geschmackvoll eingerichtete Zimmer

RESTAURANTS

Restaurants, Cafés, Bars haben offizielle Öffnungszeiten, doch hier gilt auch „afrikanische Zeit" – d.h. der Koch schaltet den Herd ab, wenn keine Bestellungen mehr kommen, die Tür wird zugesperrt, wenn die Bar leer, das Personal müde ist

COOL RUNNINGS
27a Fourth Ave., Melville, Telefon 482 47 86, tgl. 11 bis etwa 1 Uhr Karibische Gerichte, die im Restaurant oder in Strohhütten im Hinterhof serviert werden. Stadtbekannt für exotische Currys

CRANKS
Craddock Ave., Shop 32, Rosebank, Telefon 880 34 42, tgl. 12-15, 18 - 23 Uhr Asiatische, speziell thailändische Spezialitäten von scharf bis süßsauer

SAM'S CAFÉ
11, 7th St., Melville, Tel. 726 81 42, Sa mittags und So geschl. Leichter Mix aus moderner südafrikanischer und italienischer Küche in kleinem Kamin-Restaurant. Alle Gerichte in Vorspeisen-Portionen ab 45 R. Reservieren!

VILAMOURA
Standard-Bank-Gebäude, Tyrwhitt Ave./Cradock, Rosebank, Telefon 788 48 83, tgl. 12.30 -14.30, 18.30 bis 22.30 Uhr Bekannt unter den vielen portugiesischen Restaurants für seine Weinkarte, die Meeresfrucht-Gerichte und den guten Service

CAFÉS UND BARS

BARBARELLA
Illovo Square, Rivonia Rd.,/Central Ave., Illovo, Telefon (082) 351 31 57, tgl. 10 - 2 Uhr Angesagte Cocktailbar, auch beliebt für ein spätes Frühstück. Postmodernes Ambiente, junges, markenbewusstes Publikum, die Schönen und Prominenten schauen regelmäßig vorbei

LA HABANA CAFÉ
Pendoring Ave.,/DF Malan Drive, Blackheath, Tel. 678 16 94, tgl. ab 18 Uhr bis spät Café und Bar mit guten Cocktails. Di, Mi Live-Comedy mit populären Kabarettisten

PRETORIA

Vorwahl: 012

AUSKUNFT

TOURIST INFORMATION CENTRE
Church Square, Tellefon 337 43 37, tgl. 8-17 Uhr (H 2)

ÜBER NACHT

BURGERSPARK
Van der Walt St./Minnaar St., Tel. 322 75 00, DZ ab 418 R Vier-Sterne-Hotel, in dem oft Diplomaten und Regierungsgäste absteigen. Das Restaurant „Ambassadeur" ist empfehlenswert

LA MAISON
235 Hilda St., Tel. 430 43 41, DZ ab 660 R Elegantes Gästehaus im Botschafterviertel. Zimmer mit Balkon, Schwimmbad

ESSEN UND TRINKEN

ESPRESSO CAFFÉ E DELI BISTRO
103 Club Ave., Waterkloof Heights Shopping Centre, Tel. 460 43 67, tgl. 11- 23 Uhr Bei jungen Leuten ist dieser klassische Italiener sehr beliebt. Man kann hier bis spät in die Nacht verweilen

MOSTAPHA'S
478 Duncan Street, Tel. 342 38 55, tgl. 10 - 23 Uhr Fünf marokkanische Menüs – viel Lamm mit Kräutern, Tachini, Couscous – und eine Bauchtänzerin sorgen für gute Stimmung

SEHENSWERT

LESEDI CULTURAL VILLAGES
An der R 512, südlich von Hartbeespoort, Tel. (012 05) 513 94, tgl. geöffnet Bereits in der North West Province, aber nur 25 Min. außerhalb von Pretoria, kann man hier vier Kulturdörfer gleichzeitig besichtigen. Gezeigt werden Kunst und Handwerk der Zulu, Pedi, Xhosa und Basotho. Besucher können an einem typisch afrikanischen Essen mit Musik teilnehmen oder sogar eine Nacht bei einer Familie verbringen

VOORTREKKER MONUMENT
An der R 101 bei Pretoria, tgl. 9 bis 16.30 Uhr Als „Toast-Gerät" verspottet, früher das Symbol aller Apartheidapostel – das 60 Jahre alte Denkmal, das die Leidensgeschichte und den Triumph der Trekburen erzählt, ist dennoch sehenswert. Am 16. Dezember mittags um zwölf Uhr trifft ein Sonnenstrahl auf den Sarkophag, der den Sieg über die Zulu am Blood River symbolisiert (1838)

NORTHERN CAPE

Wer Weite und Ruhe sucht, ist hier genau richtig: Das Northern Cape ist so groß wie Deutschland, hat aber zehnmal weniger Einwohner. Quer durch die größte Provinz des Landes fließt der Oranje, Südafrikas mächtigster Strom. Im Norden liegt der Kgalagadi Transfrontier Park, im Westen das einsame Namaqualand. Auf Schaffarmen kann man lange Ausritte unternehmen. Und in der Diamantenstadt Kimberley klafft das größte Loch in der Erde, das Menschen je mit Händen ausgehoben haben

Fläche .... 361 830 km²
Einwohner 840 000
Hauptstadt .... Kimberley

AUSKUNFT

TOURIST AUTHORITY
Tel. 538 32 26 57, Fax 538 31 23 97

ÜBER NACHT

Calvinia
Der kleine Ort an der R 27 im Südwesten der Provinz bietet sich an zur Übernachtung, wenn Sie von Kapstadt aus zum Kgalagadi Transfrontier Park unterwegs sind (Calvinia liegt auf halber Strecke). Anfang September blühen hier wunderschöne Wildblumen (D 5)

HANTAM HUIS
44 Hope St., Tel. (027) 341 16 06, DZ mit Frühstück 270 R Die stilechten viktorianischen Cottages von Alta Coetzee haben schon mehrere Preise bekommen. Abends hervorragende Lammgerichte

Kimberley
CARRINGTON HOUSE
32 Carrington Rd., Tel. (053) 833 2219, DZ 220 R Gemütliches und preisgünstiges Gästehaus mit Pool im besten Viertel der Stadt (F/G 4)

ESTATE PRIVATE HOTEL
7 Lodge Road, Telefon (053) 832 26 68, DZ 300 R Sie wohnen in der ehemaligen Villa des Diamantenmagnaten Ernest Oppenheimer. Mit historischem Ambiente, ruhig und günstig

Unberührtes Land: Die Wild Coast, Eastern Cape, ist Südafrikas vergessene Region. Hier leben fast nur Angehörige der Xhosa

F
G
H
I
K
Central Kalahari Game Reserve
Khutse Game Reserve
Serowe
Palapye
Mahalapye
Marakalalo Hills 1347
Dinokwe
Lotsane
Zanzibar
Messina
Pafuri Gate
Punda Maria
Tshipise
Alldays
Maasstroom
Soutpansberg
Louis Trichardt
Thohoyandou
Kruger
Shingwedzi
Mopani
Northern
Province
Modjadji Palms
Tzaneen
Gravelotte
Letaba
Phalaborwa
Olifants
Lapalala Wilderness Area
Ellisras
Pietersburg
Potgietersrus
Waterberge
Nylstroom
Warmbaths
Thabazimbi
Strydpoortberge
Blyde River Canyon N. R.
God's Window
Graskop
Satara
National
Park
Skukuza
Lower Sabie
Lydenburg
Sudwala Caves
Nelspruit
Komatipoort
Mochudi
Molepolole
GABORONE
Thamaga
Ramotswa
Kanye
Lobatse
Zeerust
Mmabatho
Mafikeng
Pilanesberg N. P.
Sun City
Rustenburg
PRETORIA
MAMELODI
Mabopane
Temba
Witwatersrand
Sterkfontein Caves
Hartbeespoort
Gauteng
KRUGERSDORP
SOWETO
JOHANNESBURG
Vanderbijlpark
VEREENIGING
Witbank
Middelburg
Carolina
Barberton
Mbabane
Manzini
SWAZILAND
Big Bend
Mantenga Falls
Ermelo
Mpumalanga
Bethal
Standerton
Piet Retief
Volksrust
Lichtenburg
Potchefstroom
Klerksdorp
Parys
North West
Vryburg
Schweizer-Reneke
Wolmaransstad
Bloemhof
Eye of Kuruman
Kroonstad
Welkom
Odendaalsrus
Virginia
Heilbron
Frankfort
Vrede
Reitz
Bethlehem
Harrismith
Ladysmith
Newcastle
Madadeni
Vryheid
Blood River Monument
Dundee
Isandhlwana Mem.
Ulundi
Hluhluwe Umfolozi Game Reserve
St. Lucia
Empangeni
Richards Bay
KwaZulu-Natal
Estcourt
Mooirivier
Greytown
Stanger
Tongaat
Valley of 1000 Hills
PIETERMARITZBURG
Howick Falls
DURBAN
Amanzimtoti
Kingsburgh
Umzinto
Port Shepstone
Margate
Port Edward
Oribi Gorge Nat. Res.
Umlalazi Nature Reserve
Golden Gate N. P.
Qwa-Qwa N. P.
Royal Natal N. P.
Mont-aux-Sources 3282
Giant's Castle G. R.
Sani-Pass
Drakensberg
Warrenton
Kimberley
Big Hole Mine Mus.
Barkly West
Vaalbos Nat. Park
Diamond Diggings
Modder
BLOEMFONTEIN
Free State
Winburg
Ficksburg
Clocolan
Ladybrand
MASERU
LESOTHO
Maluti Mts.
Thaba Tseka
Mokhotlong
Qacha's Nek
Quthing
Mafeteng
Kokstad
Matatiele
Eastern Cape
Trompsburg
P. K. le Rouxdam
Gariep Dam
Colesberg
De Aar
Britstown
Hanover
Richmond
Middelburg
Aliwal-North
Burgersdorp
Steynsburg
Eastern Cape
Dordrecht
Elliot
Queenstown
Umtata
Transkei
Port St. Johns
Coffee Bay
Wild Coast
Graaff-Reinet
Cradock
Winterberge
Somerset East
Grahamstown
Fort Beaufort
Bisho
King William's Town
Zwelitsha
MDANTSANE
EAST LONDON
Port Alfred
Addo Elephant N. P.
Zuurberg Nat. Park
UITENHAGE
PORT ELIZABETH
Humansdorp
Cape St. Francis
Tsitsikamma National Park
Plettenberg Bay
Kareedouw
Willowmore
Aberdeen
Jansenville
Indian Ocean
N1
Autobahn
N6
Fernverkehrsstraße
R26
Hauptstraße
Nebenstraße
Piste
30
Entfernung in Kilometer
© MERIAN-Kartographie

HOLIDAY INN GARDEN COURT
120 Du Toitsspan Road, Tel. (053) 833 1751, DZ 327 R Sauber, sicher und meist ein Zimmer frei. Mit Bar und Pool. Schräg gegenüber liegt der „Halfway House Pub", Kimberleys berühmteste und urigste Kneipe

Upington
UPINGTON PROTEA
24 Schroeder St., Tel. (054) 337 84 00, DZ 295 R Das bessere der beiden Protea Hotels. Einige Zimmer mit Blick auf den Oranje-Fluss. Steak-Restaurant (E 4)

ESSEN UND TRINKEN

Kimberley
SADDLES STEAK RESTAURANT
42 Sidney St., Tel. (053) 831 55 06, tgl. 11-23 Uhr So, Di und Do spielt eine Band. Mo gibt's zwei Hamburger zum Preis von einem (F/G 4)

Upington
LE MUST
11 Schröder St., Tel. (054) 332 39 71, tgl. geöffnet Das beste Restaurant der Stadt: südafrikanische und französische Küche (E 4)

NATURPARKS

AUGRABIES FALLS NATIONAL PARK
Die Hauptattraktion dieses Reservates sind die Augrabie-Wasserfälle: Inmitten einer kargen Halbwüste stürzen die Wassermassen des Oranje-Flusses in mehreren Katarakten in die Tiefe. Bei Rundfahrten durchqueren Sie eine „Mondlandschaft" mit flachen Kuppelfelsen und haben spektakuläre Aussichten über die Schlucht. Zwischen Köcherbäumen und Kameldorn suchen Antilopen, Giraffen und Springböcke nach Nahrung; es gibt auch Leoparden und einige Spitzmaulnashörner (D 4)
➤ **siehe S. 95 (Naturparks)**

KGALAGADI TRANSFRONTIER PARK
Entstanden aus dem südafrikanischen Kalahari Gemsbok Park und dem botswanischen Gemsbok National Park, umfaßt dieses riesige Reservat jetzt 38000 km² im Südwesten der Kalahari-Halbwüste. Hier können Sie Afrika pur erleben: Wildtiere in unberührter, weiter Landschaft, nachts Löwengebrüll am Lagerfeuer. Es gibt viele Raubkatzen und große Antilopenherden, aber keine Elefanten, Nashörner oder Büffel (D/E 2/3)
➤ **siehe S. 95**

RICHTERSVELD NATIONAL PARK
Anfahrt: via Springbok auf der N 7 bis Steinkopf, Port Nolloth, Alexander Bay, nach Sendelingsdrift Der Park erstreckt sich im äußersten Nordwesten, entlang des Grenzflusses Oranje, in einer Felslandschaft mit wunderschönen Wüstenpflanzen. Wer das Richtersveld richtig kennen lernen will, sollte eine Tour in Springbok oder Port Nolloth buchen. Im Park kann man in Sendelingsdrift in Chalets übernachten (C 4)

SEHENSWERT

Kimberley
BIG HOLE
Kimberley brachte Südafrika ab 1869 mit seiner Diamantenproduktion auf den Weg vom Agrar- zum Industriestaat. Vor 120 Jahren war die Diamantenstadt die erste moderne Metropole des Landes, heute wirkt sie grau und trostlos. Ihre größte Attraktion ist das Big Hole, ein 240 m tiefes und 1500 m breites Loch, das die Diamantensucher mit den Händen gegraben haben. Das Minenmuseum (tgl. 8-18 Uhr) ist etwas veraltet (F 4)

EASTERN CAPE

Die Ostkap-Provinz, zu der heute auch die ehemaligen Homelands Ciskei und Transkei gehören, ist landschaftlich vielfältig, aber weniger weit entwickelt als das Westkap. Abseits der N 2 sind die meisten Straßen in keinem guten Zustand. Dafür gibt es an der Küste menschenleere Strände und wunderschöne Wanderwege. Damit sich hier nicht nur die Industrie (Mercedes und VW in Uitenhage) niederlässt, sondern das Ostkap auch für Touristen attraktiv wird, soll an der Wild Coast der Mandela-Naturpark entstehen. In Qunu bei Umtata, dem Heimatdorf des Ex-Präsidenten, gibt es bereits das Nelson-Mandela-Museum

Fläche	169 580 km²
Einwohner	6,3 Mio.
Hauptstad	Bisho

AUSKUNFT

Port Elizabeth
TOURISM PORT ELIZABETH
Belmond Terrace, Donkin Reserve (im Leuchtturm), Tel. (041) 585 88 84, Fax 585 25 64, Website: www.ectourism.co.za (G 7)

ÜBER NACHT

Graaff-Reinet
ANDRIES STOCKENSTROOM GUEST HOUSE
100 Cradock St., Tel. (049) 892 45 75, Website: www.stockenstroom.co.za, DZ mit Frühstück 350 bis 440 R Seit langem eines der besten Gästehäuser in Südafrika. Abends werden hervorragende Lammgerichte serviert (F 6)

Grahamstown
THE COCK HOUSE
10 Market St., Tel. (046) 636 12 95, DZ mit Frühstück 500 R Viktorianisches Gästehaus, wohl die beste Herberge der Stadt – auch Mandela stieg hier ab. Für die Monate Juni/Juli, wenn das Kunstfestival stattfindet, früh genug reservieren. Gutes Abendessen, provençalische Küche (G 6)

Port Elizabeth
ADMIRALTY BEACH HOUSE
9 Admiralty Way, Tel. (041) 583 37 20, DZ 350 R Klein aber fein, mit Garten und Pool, nahe am Strand (G 7)

THE BEACH HOTEL
Marine Drive, nahe dem Hafenpier, Tel. (041) 583 21 61, DZ mit Seeblick 550 R, Sa und So billiger Angenehmes, etwas verstaubtes Mittelklassehotel direkt gegenüber dem Hobie Beach

HOLIDAY INN GARDEN COURT KINGS BEACH
La Roche Drive/Beach Rd., Tel. (041) 582 37 20, DZ 468 R Komfortabel, direkt am Kings Beach

Addo
THE ELEPHANT HOUSE
Zuurberg Road, Telefon/Fax (042) 233 22 62, DZ ab 250 R Ein Rennpferdegestüt, nicht mehr als 10 Autominuten vom Addo Elephant Park entfernt und eines der besten B & B's des Landes: Feine, leichte Küche (auch abends), die Zimmer eine kluge Mischung aus Old England und Out of Africa (G 6)

Port Alfred
THE RESIDENCY
11 Vroom Rd., Tel. (046) 624 53 82, DZ mit Frühstück 350 R Übernachten wie zu Queen Victorias Zeiten in einem schönen Gästehaus mit Blick auf Sanddünen und das Meer (G 6/7)

ESSEN UND TRINKEN

East London
CHALET SUISSE UND QUARTERDECK
Esplanade, Orient Beach, Tel. (043) 722 18 40, E-Mail: steidl@iafrica.com, 12-14.30, 18-23 Uhr, Sa mittags und So abends geschl. Zwei nebeneinanderliegende Restaurants direkt an der Orient Beach, dem besten der Stadt. Das Chalet Suisse serviert vornehme Küche: vorzügliche Meeresfrüchte, Wild, Rösti. Im Quarterdeck ist es lockerer, besonders an der Bar (H 6)

Grahamstown
LA GALLERIA
13 New St., Tel. (046) 622 23 45, So geschl. Bei diesem Italiener und im Cock House (➤ s. „Über Nacht") bekommt man die beste Kost des Universitätsstädtchens (G 6)

Port Alfred
YING THAI RESTAURANT
6 York Rd., Tel. (046) 624 16 47, nur Fr und Sa Allein die Küche des Hauses ist Grund genug, diesen verschlafenen Ort am Meer zu besuchen. Eine thailändische Familie serviert hier fabelhafte Meeresfrüchte – in ihrem Vorzimmer. Vorher buchen! (G 6/7)

Port Elizabeth
DE KELDER
Marine Drive, Summerstrand, Tel. (041) 583 27 50, täglich mittags und abends Oft gelobtes Restaurant mit europäischer Küche: Fisch, Pasta, Geflügel, Steak. Gute Weinkarte (G 7)

LE MED
70 Parliament Street, Telefon (041) 585 87 11, Mo geschl. Mediterrane Küche: vom griechischen Fischgericht bis zum marokkanischen Tontopf „Tagine"

NATURPARKS

ADDO ELEPHANT PARK
In dem 150 km² kleinen Park nordöstlich von Port Elizabeth leben 300 Elefanten sowie Nashörner, Büffel, Zebras und Antilopen. Sie können das dichte Buschland im eigenen Auto, auf Pferden oder nachts im Geländewagen erkunden (G 6)
➤ **siehe S. 95 (Naturparks)**

SEHENSWERT

GRAAFF-REINET
Eine der ältesten und charmantesten Städte Südafrikas. Sehenswert ist die Kathedrale im Zentrum, das Reinet House aus dem frühen 19. Jh. (27 Murray St.), das Old Library Museum mit seiner Fossiliensammlung (Church St., einen Block von der Kathedrale, Mo-Fr 9-12, 15-17, Sa 9-12, So 10-12 Uhr) und die spektakuläre Kakteengärtnerei Obesa (49 Murray St.). Nur 5 Kilometer nördlich der Stadt zieht sich ein tiefer Canyon, das Valley of Desolation, durch die Landschaft. Nachmittags wirft die Sonne ein wunderschönes Licht auf die schroffen Felsen, während am Himmel die Adler kreisen ((F 6)

WILD COAST
Zwischen East London und Port Edward liegen 500 km fast unberührte, wilde Küste. Hier kann man durch tropische Wälder, an schroffen Felsen und herrlichen Stränden entlang wandern. Bei der „Wild Coast Hotel Meander", einer sechstägigen Wandertour, erreicht man jeden Abend ein anderes Ressorthotel. Der bekannteste Badeort an der wilden Küste ist Port St. Johns, ein kleines, idyllisches Dörfchen in landschaftlich interessanter Lage. Wer den Tag am Strand verbringen will, wird jedoch enttäuscht: wegen der starken Winde ist es oft ziemlich ungemütlich

MPUMALANGA

Die Provinz liegt auf einem Plateau, das im Nordosten stark abfällt. Bei God's Window und am Blyde River Canyon kann man spektakuläre Aussichten genießen. Die Trumpfkarte von Mpumalanga, dem „Land der aufgehenden Sonne", ist der Kruger National Park. An der Westgrenze des Reservats gibt es luxuriöse Game Lodges wie Mala-Mala, Londolzi und Singita (➤ **siehe S. 129**). Trotz Tourismus, Forstwirtschaft und großen Kohlevorkommen sind die Menschen arm geblieben

Fläche	79 490 km²
Einwohner	2,7 Mio.
Hauptstadt	Nelspruit

AUSKUNFT

TOURIST AUTHORITY
Telefon (013) 7527001, Fax 7595441, Website: www.mpumalanga.com

NATURPARKS

KRUGER NATIONAL PARK
Ein Park der Superlative: er ist der größte in Südafrika, mit den meisten Tieren und jährlich 900000 Besuchern. Sehr gut organisiert, mit einem asphaltierten Straßennetz und komfortablen Camps, aber oft überlaufen. Ideal, wenn Sie in relativ kurzer Zeit viele Tiere sehen wollen – aber weniger geeignet, wenn Sie Entspannung und Ruhe in der afrikanischen Wildnis suchen (K 1/2)
➤ **siehe S. 95 (Naturparks)**

SEHENSWERT

PILGRIM'S REST
Von dieser musealen Goldgräberstadt aus kann man gut die Umgebung erkunden: die 70 m hohen Mac Mac Wasserfälle bei Graskop, die umwerfende Aussicht von God's Window, die seltsamen Wasserlöcher von Bourke's Luck Potholes. Die Fahrt von Three Rondavels zum Grund des beeindruckenden Blyde River Canyon führt durch ein schönes Naturreservat (I/K 2)

NORTHERN PROVINCE

Südafrikas Tor zum „Rest des schwarzen Kontinents". Der Limpopo-Fluss trennt die Provinz im Norden von Simbabwe und im Nordwesten von Botswana. Wegen des Durchgangsverkehrs findet man besonders zwischen Pietersburg und

MERIAN-Straßenkarte
SÜDAFRIKA
A
B
C
D
E
1
2
3
4
5
6
7
WINDHOEK
Kapps
Ausberge 2479
Rehoboth
1624
Gobabis
Leonardville
Uhlenhorst
Nossob
Solitaire
Namib-
Naukluft
Park
Namib Desert
Kalkrand
Stampriet
Aranos
Mariental
Auob
Maltahöhe
Gibeon
Gochas
Lendepas
Schwarzrand
1594
1898
NAMIBIA
Brakpan
1977
Helmering-hausen
Brukkaros 1586
Tses
Koes
Rooirand
Namaland
Keetmanns-hoop
Bethanie
Lüderitz
Aus
Goageb
Huib-Hoch-plateau
Aroab
Vredeshoop
Schroffenstein 2202
Groot Karasberge
Diamond Area
Fish River Canyon Park
Holoog
Grünau
Rosh Pinah
Ai-Ais
Karasburg
Nakop
Richtersveld National Park
Oranjemund
Alexander Bay
Khubus
1378
Vioolsdrif
Onseepkans
Augrabies Falls N. P.
Kakamas
Upington
Spitskop Reserve
Kaimoes
Port Nolloth
Steinkopf
Pofadder
Nababeep
Springbok
Kleinsee
Namaqualand
Bossiekom
Kenhardt
Marydale
Groblershoop
Gamoep
Kamieskroon
Hondeklipbaai
Garies
1024
Kliprand
Groenriviersmond
Bitterfontein
Bokkeveldberge
Northern Cape
Upper Karoo
Verneuk Pan
Grootvloer
Brandvlei
Sakrivier
Swartkolk-vloer
Loeriesfontein
Van Wyksvlei
Carnarvon
Nieuwoudt-ville
1673
Calvinia
Williston
Loxton
Vredendal
Vanrhynsdorp
Lambert's Bay
Clanwilliam
Wuppertal
Cederberge
Olifants
Tankwa-Karoo Nat. Park
Roggeveldberge
1735
Sutherland
Fraserburg
Nuweveldberge
Karoo N. P.
Beaufort
1721
Komsberge
Leeu-Gamka
Velddrif
Vredenburg
Saldanha
Cirusdal
Piketberg
Porterville
Western Cape
Matjiesfontein
Laingsburg
Great Karoo
Prince Albert
2152
Seekoegat
Groot Swartberge
Klein Swartberge 2325
West Coast National Park
Langebaan
Tulbagh
Ceres
Touws River
Darling
Malmesbury
Wellington
Paarl
Worcester
Little Karoo
Oudtshoorn
De Rust
CAPE TOWN (KAPSTADT)
Franschhoek
Stellenbosch
Somerset West
Strand
Montagu
Swellendam
Riversdale
George
Mossel Bay
Simonstown
False Bay
Cape of Good Hope
Hermanus
Caledon
Stanford
Walker Bay
Gansbaai
Elim
Bredasdorp
Arniston
De Hoop Nature Reserve
Witsand
Breede
N. P.
L'Agulhas
Cape Agulhas
Atlantic Ocean
Kalahari
BOTSWANA
Desert
Tshane
Kgalagadi Transfrontier Park
Mabuasehube Game Reserve
Nossob Camp
Mata Mata
Twee Rivieren
Tshabong
Molopo
Kuruman
Aansluit
Andriesvale
Van Zylsrus
Cramond
Koppieskraal-pan
Betsjoeanaland
Olifantshoek
Langberg
Lobito
Nossob
Auob
Fish
Oranje
Vis
Dwyka
Gamka
Sakrivier
Victoria West
Sishen
Postmasburg
Griquatown
B1
B3
B4
B6
N1
N2
N7
N10
N12
N14
R27
R31
R63
R360
Nigeria
Zentralafrik. Rep.
Sudan
Äthiopien
Kamerun
Dem. Rep.
Somalia
Gabun
Rep. Kongo
Uganda
Kenia
Ruanda
Burundi
Kongo
Tansania
Angola
Malawi
Sambia
Mosambik
Namibia
Simbabwe
Str. von Mosambik
Madagaskar
Botswana
Pretoria
Johannesburg
Swasiland
Lesotho
Atlantischer Ozean
Südafrika
Kapstadt
Indischer Ozean